国家社科基金项目（CAA110101）研究成果

THE SOCIAL MIRROR OF

EDUCATIONAL KNOWLEDGE

教育知识的社会镜像

雷云 著
Lei Yun

中国社会科学出版社
CHINA SOCIAL SCIENCES PRESS

图书在版编目（CIP）数据

教育知识的社会镜像／雷云著 . —北京：中国社会科学出版社，2017.8
ISBN 978 - 7 - 5203 - 0775 - 8

Ⅰ. ①教…　Ⅱ. ①雷…　Ⅲ. ①教育—研究—中国　Ⅳ. ①G52

中国版本图书馆 CIP 数据核字（2017）第 181662 号

出 版 人	赵剑英
选题策划	罗　莉
责任编辑	刘　艳
责任校对	陈　晨
责任印制	戴　宽

出　　　版	中国社会科学出版社
社　　　址	北京鼓楼西大街甲 158 号
邮　　　编	100720
网　　　址	http://www.csspw.cn
发 行 部	010 - 84083685
门 市 部	010 - 84029450
经　　　销	新华书店及其他书店

印刷装订	北京君升印刷有限公司
版　　　次	2017 年 8 月第 1 版
印　　　次	2017 年 8 月第 1 次印刷

开　　　本	710×1000　1/16
印　　　张	15.25
插　　　页	2
字　　　数	213 千字
定　　　价	68.00 元

凡购买中国社会科学出版社图书，如有质量问题请与本社营销中心联系调换
电话:010 - 84083683

谨以此书纪念我的祖母郝传珍
（1921—2006）女士

目　录

Contents

5

序　言

在我国教育学的发展历程中，我们一直把教育科学或教育理论发展的希望寄托在引进后的模仿和自立上，以至于长时间被动地接受来自西方和苏联教育学的灌输，被"西方范式"和"苏联范式"长期困扰，没有形成属于自己的独立的教育学范式。虽然"他山之石，可以攻玉"，但是必须承认，中国教育学发展过程中自我意识薄弱和本土情怀匮乏已使其深陷困境。

教育学范式包括理论范式、学科范式与研究范式三种基本类型。理论范式指教育学的理论框架、理论模型、思维方式以及理解教育现实的思想体系与教育科学共同体的共识性理性遵循，最终只能在本国的教育实践中抽象、检验和发展。长期以来，由于政治影响下的仿苏、西方强势文化的影响以及我国学者原创思维的缺乏和浮躁心态，实质性的中国教育理论范式并未真正形成，取而代之的多是单纯的吸收和模仿。与此同时，真正扎根于我国本土的非权威和非系统性教育理论，由于某些人对搬来东西的追捧而备受冷落、少有问津。久而久之，倒是照抄照搬国外教育理论惯性地成为所谓的"研究"，而真正结合我国实际的本土化理论范式风毛麟角，甚至销声匿迹。脱离了中国教育实践的理论范式，丧失了"本国实践"这一理论研究的基本立足点。本应相互"滋养"的教育理论与教育实践严重脱节，我们才会"巧"取西方范式和苏联范式演绎下的非本土理论范式替代本应在中国本土催生的理论范式。

学科范式指教育学的认识模型、展现教育世界的理论框架和整理教育现象的方式，通常以教材的理论框架和体系来呈现。中国的教育学发展到今天有了长足的进步和自己的特点，但存在的问题也很明显。一方面，目前中国教育学的发展趋于一种矮化和寄生状态，教育学严重地附着在其他相关学科上，成为其他学科发展的"尾巴"。虽然教育学在其发展完善的过程中，需要从其他学科汲取营养，重视与不同学科的知识整合，但是各种理论都有其特殊适应的对象和背后的基本假设，不当的移植很可能会误用其建立的知识体系和方法适切性。不加选择、检验与批判的"拿来主义"和不分青红皂白地蜂拥而上，显而易见是有害的。另一方面，中国教育学的发展历经先学日本、再袭美欧、后仿苏联的三个基本阶段。这个"三部曲"不但反映了我国社会、政治和经济发生的巨大变化，也反映了教育学仿效对象的区别，更反映了教育学科在不同历史时期从内容到体系"被殖民化"过程。

研究范式亦即教育学的方法论问题，是近几年教育学术界的公认热点。我国教育学的研究范式亦可简单概括为三大类：量的研究、质的研究和哲学思辨。在中国教育学的研究范式中，哲学思辨的研究范式一直为很多人津津乐道，至今占据着主导地位。追根溯源，在教育学学科来源和特征上，教育学主要导源于哲学，研究者也常常有意无意地把哲学结论应用推广于教育学，并且"习得"了哲学注重思辨的特征。此外，中国教育学之所以存在重哲学思辨轻实证倾向的研究范式危机，从根本上说依旧与我们长期以来受"西方范式"的持续影响密不可分。由于我们对"西方范式"的"爱不释手"，拿来即可且有"如获至宝"的心理，以为外来的"他者"均是可以为我所用的"我者"。不过可喜的是，目前我们对于由哲学思辨转向实证倾向的教育研究范式已经形成共识。尤其是作为具有实证倾向最重要表征的"质的研究"已为越来越多的研究者所接受和应用。教育研究范式中的"弱实证性"似乎有所改变，但新的问题也随即而来，其表现是，在目前的教育研究中存在着一种更为严重的研究范式"跟风"倾向，即无论研究问题的内容和性质如何都冠之以"质的研究"名义，这其中不乏各类"形同而神不同"的无谓研究。

深入思考，如果说三种"范式"存在某种共同基础的话，那便是教育学者的"理性生活方式"。应该说，"教育理性生活"的反思和建构对于教育学摆脱目前面临的困境是更为根本的。雷云博士的著作《教育知识的社会镜像》，便是近年来反思教育知识生产、建构教育理性生活方式的一部力作。该书从知识社会学、哲学解释学出发，对以往仅注重逻辑演绎或实证研究的"可靠性"生产方式进行反思，从而提出"可信性"教育知识生产的转向。转向之后，教育知识的"深层形式"力求与社会生活方式契合，其"意义硬核"则着力反映时代教育精神；这样的"深层形式"与"意义硬核"相耦合便可得到时代教育理想。教育理想是该书所提出的，可助教育知识超越多重困境的重要范畴，此范畴蕴含着颇为深厚的理论力量，值得认真研究、开掘。

纵览全书，以下几方面的创新值得荐与读者：其一，注重吸取知识社会学的核心思想形成分析框架，而没有生搬其概念术语，这为我们如何利用其他学科理论研究教育提供了借鉴。其二，提出的教育知识的生产取向从"可靠性"转向"可信性"的观点，值得我们重视。以往的教育研究确实注重探寻真理性的教育知识（如教育规律），但时至今日也很难说我们所得出的哪些结论堪奉真理。教育学陷入了重重困境或许真的不是因其"不可靠"而是缘其"不可信"。其三，构建了一套教育概念体系，其中诸如"教育经典""深层形式""教育意义""教育理想"等不少概念值得进一步研究。其四，对一些常见的教育论题进行了颇有新意的阐解，例如，对于"教育知识与实践的关系"，本书认为"可信性"教育知识必然要走向实践，实践也具有知识生产的性质，这一观点对于我们理解"教育理论与教育实践相结合"的永恒命题富有启发。

当然，任何具有创新性的著作都不可能完美，本书同样存在值得推敲、有待进一步研究的地方。例如，社会生活形式与教育知识的深层形式两者的对应性如何产生？是自发形成抑或人为建构？教育知识意义空间的形成有何判准？意义空间与教育知识的可信性是何关系？等等。我们相信，随着研究的深入，雷云博士必能对这些问题给出清晰可信的解答。

是为序。

2017 年 3 月于长春

导　言

　　开启一段旅程，出发前总要明确前往的理由。一部学术著作就是一段理论旅程，其"前往理由"即所谓"选题缘由"。选题缘由大致可从问题指向与解题可能两方面说明。"问题指向"表明研究之所以被激起，理论的路径向何方；"解题可能"阐明研究之所以能实施，并可进一步从"解题方案"与"具体路径"展开分析。

一　问题指向：教育知识的困境①

　　20世纪80年代后期学界始有论者指出教育学陷入困境。"困境"与发展相联系，意指事物由于受到阻碍而较长时间处于停滞状态。作为对教育学发展状态的一个基本判断，"困境"大体表现在，教育学的学科地位长期以来得不到认可，其内容缺乏原创性，对教育实践的影响越来越弱，等等。然而，"教育学的困境"这一

---

　　① 已有研究大致从两个方向理解"教育知识"，一是教师授予学生的知识，近于"课程内容"。课程与教学论、教育社会学等领域使用的"教育知识"大多倾向此义，国外如阿普尔（Michael Apple）、扬（Michael Young），国内如吴钢、洪成文等多执此解。二是关于教育活动的知识，近于"教育理论"［值得注意的是，当前"教育知识"概念之兴几盛于"教育理论"，关于"教育知识"与"教育理论"有何分野，两个范畴所蕴含的学术范式有何不同，等等，近来已有学者进行了深入的研究。（吴定初：《理解"教育知识"的兴起》，《四川师范大学学报》（社会科学版）2014年第3期）］。教育学原理领域的"教育知识"多属此义，本研究即采此解。

1

表述并不是清楚明白的，它究竟是指教育学的学科形式陷入困境，还是具体的知识内容陷入困境？教育学科形式陷入困境是一个不实的判断①。在对教育学的"发展回顾"与"未来展望"中，学界尚能清晰地梳理教育学科形式的历史发展路线与未来发展趋向②。迄今，学界仍不时诞生新的学科形式，成立新的分支学科，以"教育××学""××教育学""教育××论""××教育论"命名的知识成果不胜枚举。教育学科形式非但未处于停滞状态，而且呈现一派繁荣之象，处于停滞状态、陷入困境的只是教育学科的知识内容。教育学科的知识内容简作"教育知识"，学界对教育学困境的描述，正体现了教育知识的多重困境。

教育知识困境是教育学的深层困境。教育知识的"困境"与学科形式的"繁荣"表现出强烈反差，这种"反差"恰好应对当今"学术繁荣、思想淡出"的时代症候。知识困境映托出教育思想的贫乏。对此，学界企图借用其他学科概念（如幸福、人性）、理论（如人力资源论、交往论）、方法（如田野考察法、质化研究法）来克服教育知识困境，然而其结果大多表现为学科形式的制造冲

① 似可认为，教育学最初主要指关于"教育"的知识内容，作为规范整合知识内容的学科形式，如理论基础、概念体系等，尚未得到足够的关注。学科形式随着教育学自觉的深入而逐渐进入学术视界，并在其他成熟学科的影响下迅速发展。近些年来，教育学经常借其他学科形式而衍生出新的分支学科，学科形式越来越丰富而知识内容却越来越贫乏。甚至出现了一种怪象：不是先有某方面的教育知识再有具体整合知识的学科形式，而是相反。"教育人口学""教育政治学""教育领导学"等分支学科似均可为例。教育学在还没有这方面的知识时，已经具有这方面的学科形式了。可见，论及教育学困境应当把教育学的学科形式与具体知识相区分，教育学的学科形式发展非常迅猛，并无困境之象，与此相对，教育知识却越来越贫瘠，陷入困境。然而，"教育学"的生存基础毕竟在于知识内容而非学科形式，赢弱的知识内容终不能支撑日益膨胀的学科形式。研究教育知识以助其摆脱困境获得发展实在是刻不容缓。缘此之故，本书不拟采用体系化倾向和学科形式意味较强的"教育学""教育理论"作为题名，而代之以"教育知识"。

② 全国教育科学规划领导小组办公室：《我国教育学学科研究状况与发展趋势调查报告》，《教育研究》1995年第9—10期；瞿葆奎、范国睿：《当代西方教育学的探索与发展》，《教育研究》1998年第4期；叶澜：《中国教育学发展世纪问题的审视》，《教育研究》2004年第7期；等等。

动，只留下徒具形式的理论体系，未能改变教育知识的困境状态。教育知识困境比学科形式问题更加深沉，它直指当前教育理性生活的"不适"状态，突破和超越困境须以反思教育理性生活为前提。对教育理性生活进行"反思"是极为痛苦的，很可能导向反思者的自我否定，不会轻易启动。只有当教育知识困境充分表现出来，严重影响到教育学者的理性生存，"反思"才会被提上日程。

那么，反思教育理性生活的时机成熟了吗？当前，教育知识困境已经影响到教育学者的理性生存。这表现在，教育学者对研究成果的学术性缺乏自信，不少人坦承曾企图离开教育学界；年轻学者陷入困惑与彷徨，学习和研究难以体验到价值感和成就感。从种种征象看，教育知识困境引发了教育学者的思想焦虑，"教育学是可以终生追求的事业吗"这一幽灵般的问题不断侵蚀其学术信念。为排遣焦虑，不少教育学者勠力揭示"困境与危机"，考察"困境"形成根源，研究超越"困境"的策略，已开反思教育理性生活之风气。本书拟承"反思"之端绪，探寻教育知识的意义基础，建构教育学者的学术理想，努力寻求一条通达理想的路径。

二　解题方案：对"知识"的重新理解

教育问题要进入现实的研究活动，除问题本身的急迫性，还需一个适切的解题方案。缺少适切的方案，问题就只能停留于研究者的意识，不可能成为现实的研究对象。我们的解题方案着眼之处在于重新理解"知识"概念。

任何一种社会生活的安排都有特定的知识观与其相关联。不同的社会生活蕴含不同的知识观，知识观规定了人们对世界的基本理解，这一"基本理解"既为行动提供了依据，同时又是一种限制。在某种社会生活下，人们所能看到、想到的都会有所限定。例如，与"人—物互渗"的原始社会相适应的是神圣知识观，在神圣知识观的视界中，人们的生活中处处充满神灵。他们感到"自己是被无穷尽的、几乎永远看不见而且永远可怕的无形存在物包围着：这常常是一些死者的灵魂，是具有或多或少一定的个性的种种神灵"①。他们对一些现象的解释，对行动结果的归因求诸神的旨意，生活完全按照神的意志来安排。然而，在实证知识观的照见下，即使对文化水平最低的人来说，"鬼神的故事乃是属于超自然领域中的东西：在以这些鬼、魔力作用为一方和以由于普通知觉和日常经验的结果而认识的事实为另一方面之间，存在着明确的分界线"②。

　　社会生活的变化引发思想观念危机，迫使人们对"知识"进行重新理解③。如何实现对"知识"的重新理解呢？"知识"历来是哲学的主要领域之一，早期毕达哥拉斯（Pythagoras）的数、苏格拉底（Socrates）的定义和柏拉图（Plato）的理念以及亚里士多德（Aristotle）的逻辑，都是在进行知识理性的探索④。随着近代自然科学的崛起与突飞猛进，实证主义知识观及其研究范式普遍为人们接受。当代知识论对"知识确证"的分析，已从传统的实证主义范式向社会确证发展⑤，知识社会学成为学界研究"知识"的新视角。不少学者将"社会"作为理解、反思知识的基础，检视知识与社会的关系。例如，有论者把"思想"置于社会历史的构造过程中考察，提出了思想史研究的如下目标：

　　　　我努力追求而又总是难以达到的两个目标是：第一，力图在各种力量的相互关系中历史地理解思想、命题和知识，而不是将思想、命

---

　　① ［法］列维 – 布留尔：《原始思维》，商务印书馆 1981 年版，第 58 页。
　　② 同上书，第 61 页。
　　③ 刘小枫：《现代性社会理论绪论——现代性与现代中国》，上海三联书店 1998 年版，前言第 3 页。
　　④ 高秉江：《西方知识论的超越之路——从毕达哥拉斯到胡塞尔》，人民出版社 2012 年版，第 1 页。
　　⑤ 陈嘉明：《知识与确证——当代知识论引论》，上海人民出版社 2003 年版，第 296—316 页。

题和知识视为自足的体系；第二，不仅将儒学和其他思想作为历史及解释的对象，而且也将之视为活的亦即构成性的力量。①

又如，我国教育学者从社会角度分析"思想"的根基，得出如下结论：

> 思想首先是特定文化与社会境脉的一种"历史的产物"，思想的文本是"粘附于"具体文化、具体社会的。这告诉我们，我们所存属的社会是关于这个社会的思想赖以形成、赖以作用的基本场所，是萌发、创生、改造乃至抛弃思想的大本营。②

从社会学角度理解"知识"，重塑新的教育知识观，为反思和调整教育理性生活提供了可能。

三　解题路径：教育知识生产的社会学解读

教育学中的知识社会学意味及其缺憾。我国教育学界尤其是教育史领域对教育知识的研究，向来注重考察教育知识的社会背景。在《教育史》的编著中，论及史上教育思想时，人们总不忘先交代思想家所处的社会背景，对其个人的时代境遇做一番铺陈，再分析教育思想的具体内容。社会生活与思想内容之间的本质性联系昭然若揭。可以说，教育史家的这种意识和分析方式，实际上已具备了知识社会学意味。当然，受学科之限，教育史不可能将教育知识内容与社会生活之间的本质关联予以课题化，更未能探讨教育知识的社会基础、具体方式和过程等，而这些正是知识社会学不可缺少的主题。

知识社会学最初是社会学的一个重要研究领域，大多数社会学家，从奠基人涂尔干（Emile Durkheim），到当代墨顿（Robert Mor-

---

① 汪晖：《现代中国思想的兴起》，生活·读书·新知三联书店 2004 年版，"前言"第 3 页。

② 吴康宁：《关于"思想"的若干问题：一种社会学分析》，《教育理论与实践》2005 年第 12 期。

ton）、布迪厄（Pierre Bourdieu）等，都从自己的学科视角出发思考知识生产。然而，真正将知识社会学研究推向前沿，对当今学术研究产生广泛影响的则是以布鲁尔（David Bloor）、巴恩斯（Barry Barnes）等为代表的社会学家对科学知识的分析。他们的研究得出了这样的结论：

> 存在于各种社会意识形态和知识理论之间的联系根本不具有任何神秘之处，而完全是我们的生活方式和思考方式所产生的一种自然而然和平平常常的结果。①

不过，科学知识社会学对知识的社会学分析也并非无懈可击，据研究者分析，科学知识社会学侧重于对知识生产方式（思考方式）的社会学分析，但难以说明科学知识的内容也来自社会生活②。

比照上述两个领域，可以发现，教育学对"知识来源于社会存在"的观点并不陌生，只是对知识生产方式与社会生活形式之间的本质关联不甚了了③；（科学）知识社会学之所长，即对知识生产

---

① ［英］大卫·布鲁尔：《知识和社会意象》，东方出版社 2001 年版，第 117 页。

② ［美］史蒂芬·科尔：《科学的制造：在自然界与社会之间》，上海人民出版社 2001 年版，第 45 页。

③ 正因为如此，本书略去社会生活内容对教育知识内容的影响，着力分析社会生活形式与教育知识生产之间的关系。"社会生活形式"是本书的核心概念之一，在此略作解释。应当说明，"社会生活形式"是借维特根斯坦（Ludwig Wittgenstein）"生活形式"理论启发而形成的概念。维特根斯坦的《哲学研究》（上海人民出版社 2005 年版）多次使用"生活形式"，他提出，"想象一种语言就叫做想象一种生活形式"（11 页）；"人们所说的内容有对有错；就所用的语言来说，人们是一致的，这不是意见的一致，而是生活形式的一致"（102 页）；等等。维氏认为，生活形式是语言的本体性基础，不同语言之所以能交流、互译，根本性的原因在于生活形式的一致。我们使用的"教育生活形式""社会生活形式"与维氏"生活形式"是一簇相关的概念。本书"社会生活形式"的内涵，指由人与人之间基本的关联方式而造成的普遍生存样态，人的思维方式正是在人与人本质的生存关系中形塑出来的。从"社会生活形式""教育生活形式"与教育知识之间的关系看，"教育生活形式"是教育知识生产的现实基础，构成教育知识生产的对象和资料。"社会生活形式"是"教育生活形式"的前提与根源，从根本上形塑教育研究者的思维方式，是教育知识生产的本体论基础。因此"社会生活形式"是研究教育知识生产的必要的反思起点。

方式的社会学分析，正好可助教育学考察知识生产、反思理性生活。因此，从社会学角度分析教育知识的社会基础、生产方式与生产过程便成为一条可能的研究路径。

第一章　基本概念、基本问题与
　　　　　分析框架

　　理论创新需要对相关领域的概念进行反思与实践①。一般而言，越是重大的理论创新，反思的概念越基本，学术实践产生的影响也就越深远。有论者曾指出，"真正的科学'运动'是通过修正基本概念的方式发生的"②。据此，本章首先借社会学、哲学研究成果反思教育学科的基本概念，尝试提出一种新的教育知识观，进而考察教育知识困境的缘由，提出本书所要解决的基本问题——"教育知识如何可能"。接着，回顾学界对基本问题的已有解答，从知识观的制约角度分析诸解题范式未能成功的根本原因，并析取新的教育知识观蕴含的研究取向，形成考察基本问题的分析框架，为超越教育知识困境提供理论工具。

---

　　① "实践"概念具有多重含义，既指元理论指导下的学术实践，又指理论指导下的实践活动，不同含义视语境而定。此处的"实践"指的是一种研究实践，具体指研究者通过"反思"赋予基本概念新内涵，并据新内涵所要求的研究范式开展研究活动。这样的"研究实践"是科学（或思想）革命的基本表征。例如，当代科学革命中，爱因斯坦对物理学中"时间"与"空间"概念的反思与实践创立了全新的物理学理论；当代的哲学理论中，海德格尔对哲学中"存在"概念的反思与实践创立了存在主义哲学思想。可见对基本概念的反思与实践是一门学科发展的必要动力。
　　② ［德］马丁·海德格尔：《存在与时间》，生活·读书·新知三联书店1987年版，第12页。

一 基本概念

"知识"概念在西方学术史上占据着十分重要的地位①。哲学、社会学对知识的研究为我们思考"教育知识"提供了丰富的理论资源。

（一）"知识"的研究取向

从古希腊自然哲学至近代古典哲学，知识研究集中表现为对可靠知识的探索，追求知识的"可靠性"是传统知识研究的主要取向②。近代以来，"可靠性"研究向两个不同方向延伸。一是以"经验实在"理解"知识"概念，称之为经验知识论；二是以"逻辑实在"理解"知识"概念，称之为理性知识论。作为"可靠性"研究取向的分支，两者都注重寻求知识的"阿基米德点"，发现具有永恒真理性的知识。只不过前者从外部寻求"可靠性"，后者从内部寻求。"可靠性"是传统知识研究的不变旨趣③。

"可靠性"研究持一种"封闭"知识观。"可靠性"研究将知识封闭在个体的意识世界，认为"各种社会影响会使我们的信念混乱，而不受任何限制地运用我们的知觉能力和我们的感觉运动，则可以使我们形成真实的信念"④。"封闭"知识观对知识做出一种"静态"假设。知识就像是一种实体，它"就在那里"，孤立而封

---

① 关于"知识"的思考和论述基本上占据古代、近代哲学史的大部分篇幅，当代哲学界将"知识论"独立出来，成为一门富有活力的哲学分支；社会学中关于知识的讨论形成了"知识社会学"研究领域；人类学关于知识的"地方性""文化境遇性"的探讨一直方兴未艾。各学科对"知识"概念的理解为我们提供了丰富的理论资源。

② 学术界将传统哲学的这种研究取向概括为"确定性"，"可靠性"与"确定性"并无抵牾之处，选择"可靠性"在于其更能与后文"可信性"一词相匹配。

③ 参见《第一哲学沉思录》（商务印书馆 1986 年版），《人类理解论》（商务印书馆 1959 年版），《纯粹理性批判》（人民出版社 2004 年版）等近代哲学著作，这一特点是相当明确的。

④ ［英］大卫·布鲁尔：《知识和社会意象》，东方出版社 2001 年版，第 18 页。

闭地存在着。封闭的知识观易将知识神圣化，表现出对"永恒真理""规律""本质"的狂热崇拜和追求，对意见、观念、经验等生活世界的知识则表现出极大的轻视。理性知识论解释了封闭知识的发展①。它虚构了一个无阻力的意识空间，在此空间，知识仿佛可以自由地发生、传播、运作，具有高度的自主性②；"逻辑"为知识的发展铺上了前进的轨道，知识"就像处在铁轨之上的火车头那样，铁轨本身便可以决定火车头将会开到哪里"③。近代哲学对人的理性（知识）的研究，虽然深刻地揭示了知识的产生与发展，但又认为知识的发展和变化是表面的，本质性的东西在原初时期就被确定了，因此特别注重对知识的经验起点或先天源头的探寻。

"可靠性"研究是一种"孤立"的研究。"可靠性"研究的出发点是个人的内在意识④。知识生产，无论是初步设想还是辩护确证，都是个体的事件；个人是知识的发起者和生产者，为知识身份的确立提供了全部保障。如何考察"知识主体"呢？很简单，研究者反思自己如何获得知识便可。"可靠性"研究从本质上讲是一种孤立的个体化内省活动⑤。在"可靠性"取向下，知识的生产就是研究者的自我确证。然而，"可靠性"取向下的"孤立"研究很容易遭到以下质疑，即研究者根据"个体"所得的知识如何能得到其他主体的相信和认可，其他主体的"相信"对知识的建构是否有意义？研究者的个体知识如何成为公共知识？知识的公共性使"孤

---

① 当代持此论者，如拉卡托斯（Imre Lakatos）的"科学内史"理论，其理论参见《科学研究纲领方法论》（上海译文出版社 2005 年版，第 150—153 页）的相关论述。

② ［英］史蒂文·夏平：《科学革命》，上海科技教育出版社 2004 年版，"译者前言"。

③ ［英］大卫·布鲁尔：《知识和社会意象》，东方出版社 2001 年版，第 9 页。

④ 传统研究以"个体"来解析知识（理性），无论从笛卡尔（Rene Descartes）"我思故我在"，莱布尼茨（Gottfried Leibniz）互不联通"单子"，康德（Immanuel Kant）的"先验主体"，甚至到胡塞尔（Edmund Husserl）的"纯粹意识""内在意识"等都是如此。

⑤ ［德］诺贝特·埃利亚斯：《论文明、权力与知识——诺贝特·埃利亚斯文选》，南京大学出版社 2005 年版，第 247 页。

立"研究一开始就面临困难①。"可靠性"研究将研究者的学术修养、知识积累等作为知识公共性的个体基础。但是这样的解释始终未能直达"公共知识何以可能"这一问题，而这一问题的解决就成为突破"可靠性"取向的关键。

"可靠性"取向下的知识设定与研究方式相辅相成。无论经验知识论还是理性知识论，其对"知识"的理解都不超出个人的意识，"后天经验"不过也是客观物体刺激感官而在个人意识之内留下的"印象"。正是由于知识被封闭在个体意识之内，个人"冥想"的研究方式才可能流行。简言之，知识从个体的感知经验与先天观念中获得起源，从逻辑运演中获得发展；逻辑构成了概念之间的稳定联系，而这些稳定联系从根本上说来源于个体的先验自我意识，个体心灵通过自我省思便能发现这些联系的踪迹②。

对"可靠性"研究的普遍反动。随着对知识公共性的哲学、社会学探讨的深入，传统研究的"孤立—封闭"分析框架逐渐被人们抛弃了。哲学界，由胡塞尔引领的现象学研究，从内在学理上自觉从"先验自我"转向"主体间性"③；由维特根斯坦引领的日常分析学派对"私人语言"的批判和对"使用"的重视是对"孤立—封闭"分析框架的挑战④。社会学界，埃利亚斯（Norbert Elias）对"封闭的思考者"的批判，揭示出知识的个人确证的谬误；由巴恩斯、布鲁尔等人发起的"科学知识社会学"，提出了从社会解析知识的研究纲领，并取得了颇为丰硕的成果。新的研究取向与"可靠

① 王维国：《论知识的公共性维度》，中国社会科学出版社 2003 年版，第 26 页。
② 这一理解主要来自近代德国著名哲学家康德的观点。康德对"先天综合判断何以可能"的分析，最终将知识的可能性追溯到人的先验自我意识，由此"自我意识"便成为近代哲学的核心概念贯穿于德国古典哲学。
③ 高秉江：《从"先验自我"到"主体间性"》，载倪梁康等编：《中国现象学与哲学评论》（第四辑），上海译文出版社 2001 年版，第 119—137 页。
④ 维特根斯坦对"私人语言"有一个经典的比喻："一个齿轮，我们能转动它，但其他部分都不跟着动，那这个齿轮就不是机器的一部分。"（［英］L. 维特根斯坦：《哲学研究》，上海人民出版社 2005 年版，第 111 页）

性"相对，可概括为"可信性"研究。"可信性"研究以"开放"
"间际"为基本设定组成分析框架。

"间际—开放"的分析框架。"间际—开放"框架将"知识"
理解为"已被接受的信念"，而不仅是"正确的信念"①。"间际"
研究假设：知识的生产和确证不是个体的思维所能保障的，知识研
究的出发点不再是孤立的思想者石像，而是相互影响和作用的主体
间际。"间际"研究拒绝对个体"纯粹理性"进行辩护，主张分析
影响"个体"的社会空间，秉持一种"开放"的知识观。"开放"
知识观拒绝先验的"本体""本质""规律"，强调任何知识都处于
不断的确证之中，是动态和发展的。这类似于波普尔（Karl Pop-
per）的无限证伪过程，但又不等同②。"开放"还包含着更加深层
的含义：知识在人们的使用过程中，以及使用之后都会发生一定程
度的改变。推而论之，任何一个概念的使用都会使其发生"形
变"，知识便是在无数次"形变"中被塑造、生产出来。

（二）可靠与可信的教育知识

翻阅教育史可知，虽然教育伴随人类而产生，并在人类的发展
过程中起着举足轻重的作用，但对教育知识可靠性的追寻却是十分
晚近的事情。在相当长的时期里，人们只是凭着偶然、个别的经验
从事教育活动。

"可靠性"追寻极大地提升了教育知识的水平。最著名的"可靠

---

① ［英］巴里·巴恩斯：《科学知识与社会学理论》，东方出版社 2001 年版，"前
言"第 4 页。

② 波普尔持"动态"的知识观，强调他人的批判、证伪对知识的意义。证伪者作
为个体对某知识理论进行批判，但是"可靠性"取向下知识以个体为基础，"主体"的
独特性使得一个个体对另一个体的批判是难以成功的。这就难怪库恩（Thomas Kuhn）会
将波普尔的观点认为是幼稚的（［美］托马斯·库恩：《科学革命的结构》，北京大学出
版社 2003 年版，第 132 页），现实的科学家会认为波普尔的观点是有意义的，但自己从
来不履行其观点（［英］迈克尔·马尔凯：《词语与世界——社会学分析形式的探索》，
商务印书馆 2007 年版，第 162 页）。波普尔的知识观的幼稚性或许缘于其未能认识到知
识生产的主体间际的基础。

性"研究成果，可推夸美纽斯（Johann Comenius）《大教学论》和赫尔巴特（Johann Herbart）《普通教育学》。夸美纽斯要探寻"把一切事物交给一切人们的全部艺术"，这就必然要求对教育知识的"可靠性"提供保障。夸氏承诺，《大教学论》将成为"每个基督教王国的一切教区、城镇和村落，全都建立这种学校的一种**可靠**引导"，"它还指出了一种简易而又**可靠**的方法，使它能够称心地实现出来"。（注：黑体字为引者所强调）在扉页上短短数行字，夸氏连用两个"可靠"表明《大教学论》研究抱负。夸氏在《大教学论》中将教育知识的"可靠性"押在先验神学基础上[①]，虽然现在看来这实在不可靠，但正是他的知识创建的方式而不是具体的知识观点叩响了近代教育学的大门，揭开了教育知识发展的新篇章。

赫尔巴特对教育知识"可靠性"的寻求更加高明。从赫氏的教育名著《普通教育学》的题名看，"普通"一词在此意谓"普适"，"普通教育学"就是要追求"普遍适用"的教育学。这就要求从研究方法到理论陈述都应当是"可靠"的。赫氏对"可靠性"的追求反映在两个方面，一方面是对偶然经验的拒斥。赫尔巴特论道："我们近代教育家有许多成功之处……可是他们是否能从他们的经验出发，确定哪一些可以通过教育达到，哪一些可能成功地教育儿童呢？"[②] 这一质问生动地表现出赫氏对偶然经验的不屑。另一方面是对神学基础的否弃。赫氏超越了夸美纽斯以神学为基础的知识建构方式，将教育知识建立在实践哲学与心理学基础之上，极大地提高了教育知识的"可靠性"。实际上，《普通教育学》超越《大教学论》最甚之处就是其"可靠性"质量的提高。赫尔巴特为可靠的教育知识的建构提供了可资借鉴的理论模型。

及至现代，僵化而板结的"可靠性"教育知识遭到了杜威

[①] ［捷］夸美纽斯：《大教学论》，教育科学出版社1999年版，第1—23页。
[②] ［德］赫尔巴特：《普通教育学、教育学讲授纲要》，浙江教育出版社2002年版，第10页。

（John Dewey）的反思，这集中反映在他对传统教育知识的批评和对进步教育知识的建构。"可靠性"研究将教育活动看作儿童为成为社会的一员而作的必要准备。他们往往考虑教育活动中要选择哪些最有价值的知识，制定什么教育目的才最适切，实施怎样的教学程序才最科学。以往教育知识的建构无不是以"可靠"为鹄的。例如，斯宾塞（Herbert Spencer）关于"什么知识最有价值"的讨论，洛克（John Locke）"绅士教育"的理论思考，赫尔巴特关于"教学形式"的探讨，等等。他们在探寻教育知识的"可靠性"上可谓功劳卓著。然而到了杜威，他既否定成人社会对儿童的权威，也否定先定教育目的的合理性，对固定的教育形式也了无兴趣。"教育即生长""学校即社会"两个著名的命题一举突破了传统观念，动摇了深固的"可靠性"信仰，将教育知识推向新的关口。但遗憾的是，杜威的革命是不彻底的，它革新了教育知识的理念，但对于教育知识的建构方式却一仍旧习，力图从社会学、哲学、生物学等学科来奠定教育知识的基础。杜威的教育知识是其哲学思想的演绎，他以追求"确定性"为鹄的，注定难以与"可靠性"知识决裂，尽管如此，我们仍然必须承认，杜威对传统教育知识的反思和批判确为一种新型教育知识的诞生埋下伏笔①。

我国当代教育知识的探索以"可靠性"研究为起点②。改革开

① 杜威的这种矛盾更鲜明地表现在其哲学思想上。他一方面批判传统哲学对"实体"的先验假设，反对哲学研究的确定性取向，另一方面又试图"通过实践的手段追求安全的方法去代替通过理性的手段去寻求绝对的确定性的方法"（［美］约翰·杜威：《确定性的寻求——关于知行关系的研究》，上海人民出版社 2004 年版，第 22 页）。然而，行动实践与"确定性"之间存在着不可克服的内在冲突，通过行动难以获得确定性。

② "我国当代教育知识的探索"主要指 1978 年以后的教育知识探索。"教育学"作为西学被引进之初，人们以翻译赫尔巴特教育学原著、相关讲稿为主；此后出现"杜威热"，一大批知识分子研究杜威的教育知识；新中国成立后我国教育知识探索又全盘苏化。可见，直到 1978 年以前我国的教育知识探索基本上都是以"他人"教育知识为主题，鲜少有自己的特色。1978 年以后，随着对教育现象、教育学的反思，学界逐渐开始发展出自己的研究理路。因此 1978 年后的教育知识探索才能真正归入"我国当代教育知识的探索"。

放以来教育知识研究主要集中在诸如"教育目的""教育本质""教育规律""教育功能""教育价值"等十四个基本论题①。这是我国教育学界追寻"可靠性"教育知识的理论痕迹。这种"封闭""静止"教育知识观下的研究实践，虽然不乏"争鸣""批判"，但在"孤立"的研究设定下的"批判"是难以成功的②，而且其孕育学霸、学阀的"本质主义教育研究"多为学界所诟病③。20世纪90年代末至21世纪初以来，学界教育知识观已悄然发生转向。先有论者打破"可靠性"取向下对教育学的"普适性"诉求，论证不同文化模式下存在着不同样态的教育学④。接着，有论者批评以往关于"教育"概念的"指称意义"的追寻，提出根据"用法"来分析教育的意义⑤。这样一来，该论者将教育知识从"本质""规律"的思辨中解放了出来，使教育知识从"静态"走向"动态"。同时，还有论者明确表示，教育学研究要接受一种由哈贝马斯（Jürgen Habermas）和伯恩斯坦（Richard Bernstein）所倡导的"民主的真理观"。民主的真理观"瓦解了实证主义的真理观的基础，它对于认识教育理论的真理性提供了几方面的启示：第一，就实证的科学教育理论来说，必须重新确立关于教育世界的假设以及认识教育世界的策略，经验科学意义上的真理必须得到适当的界说；第二，经验科学意义上的真理并不是惟一的真理，教育理论对真理有着广泛的理解；第三，对每种真理的理解，都必须以民主性为基础"⑥。

---

① 瞿葆奎、郑金洲：《教育基本理论之研究（1978—1995）》，福建教育出版社1998年版，"目录"。
② 参见前文对波普尔"证伪"理论分析的注释。
③ 石中英：《本质主义、反本质主义与中国教育学研究》，《教育研究》2004年第1期。
④ 石中英：《教育学的文化性格》，山西教育出版社2005年版，第193—304页。
⑤ 周浩波：《教育哲学》，人民教育出版社2000年版，第20—22页。
⑥ 唐莹：《元教育学——西方教育学的认识论剪影》，人民教育出版社2002年版，第474页。

　　至此，一种不同于"可靠性"研究的注重知识的"文化性""开放性"与"民主性"的"可信性"取向逐渐成形。在这种新取向的鼓舞下，学界开始反思"可靠性"教育知识生产。有论者提出，要纠正基础主义设定，清除"教育里存在着永恒不变的基础"这样的研究假设①；有论者主张，重新认识以往对"教育规律"所作的实然性、自在性和非选择性理解，提出应然性、自为性、选择性、非重复性与后溯性的教育规律②；有论者强调，教育知识生产的特点不是"中立性"而是表现出较强的价值选择和文化关涉③；还有论者指出，当前的教育知识生产应当实现一种认识论转向，即从"旁观者式认识论"转向"主体建构式认识论"④；等等。

　　如果说早先对"文化""使用""民主"诸范畴的重视是对"可靠性"教育知识观展开的清算，那么随后对"可靠性"取向的种种反思与批判则是新教育知识观的初步运用。不过，仍需注意的是，已有研究总体上仍止于对旧的教育知识观的改造，缺少对新的教育知识生产的本体论基础与实践策略的研究。鉴于此，本书拟在已有研究基础上进一步探讨"可信性"取向下教育知识生产的本体基础、具体方式与过程⑤。

---

　　①　李太平：《当前教育研究中需要注意的几种倾向》，《教育研究》2006 年第 10 期。

　　②　吴全华：《教育规律的理解方式与教育规律的特点》，《教育理论与实践》2004 年第 2 期。

　　③　王洪才：《论教育研究的特性》，《教育学报》2005 年第 6 期。

　　④　冯向东：《不确定性视野下的教育与教育研究》，《北京大学教育评论》2008 年第 3 期。

　　⑤　"本体基础"的探讨主要在"第三章教育知识的形式分析"，"生产方式"的探讨主要在"第四章教育知识的内容分析"，"生产过程"的探讨主要在"第五章形式与内容的耦合条件与过程"。三者关系大致如下：教育知识的"本体基础"与"生产方式"相关联，"本体基础"支持"生产方式"，"生产方式"依托于"本体基础"，二者共同体现在"生产过程"之中。

（三）"社会镜像"的意蕴

本书题名包括"教育知识"与"社会镜像"两个部分。大致而言，"教育知识"标明研究对象，"社会镜像"提示理论取径。那么，到底何谓"社会镜像"？"社会镜像"是一个复合概念，其中，"社会"有两方面意谓：一方面，由于"开放"假设打碎了孤立的"思想者"石像，提出知识的人际共建设想，这种假设的调整从根本上说，是要将思想还原于社会实现，从封闭的个人探索向开放的人际建构转变。"人际建构"须从社会的角度进行探索。另一方面，打破"封闭"的知识假设必然要求将知识生产置于社会生活的背景中思考。教育知识的内涵及其真理性是在社会使用中不断调整与确立，没有绝对、封闭和静止的教育知识。基本假设的转换导致了理论取径的变更，"社会"一词在此表达了本书所采取的基本的追问方式。这种追问方式要求反思个体以思辨、实证、叙述等方式构建教育知识的适切性，进而转向从社会角度建构教育知识。

相比"社会"而言，"镜像"概念需作更多解释。"镜像"一词含义丰富，我们拟借其表达如下几层喻意。其一，喻指教育知识乃是被"观照"的结果，指出一种方法论承诺。"像"本由镜面映照而成，不同类型的视镜可得大不相同的镜像。研究取向便如视镜，转向"可信性"研究，运用新的分析框架观照教育知识或能看到不同往常的"景象"。其二，喻指教育知识的"动态"特性，提出一种本体论承诺。无论是物体的镜像、一个人的镜像，还是一群人的镜像，也不论镜像具有随时间变化表现出的巨大差异，只要存在着"镜像"就必然可以追溯其背后的实在。实在之物是形成镜像的根本原因。我们认为，与此相类，教育知识作为概念体系是社会实在的映现，其根基在于客观的社会实在，将不可避免地随着社会生活的变换而改变其论述内容、基本结论。我们对教育知识与社会实在的关系的理解是与"镜像"的成像机制相契合的。其三，隐喻教育知识的"产生",点出本书的研究旨趣。根据心理学实验,人的自我发源于"镜像",人的"镜像阶段"(mirror phase)具有相当重要的意义①。当代心理分析大师拉康(Jacques Lacan)也指出镜像是主体借以生成的虚幻性假设②。据此,"镜像"既可表达教育知识的非实在性,又可提示我们关注教育知识的生产基础与生产方式的研究旨趣。

二 基本问题

教育知识观如若未变,"可靠性"知识的追求与"孤立—封闭"框架是相适切的,然而,教育知识观既已转变,分析框架却未更新,二者必然互相抵牾,扞格不胜,教育知识难免身陷困境。

(一)当代教育知识的困境

教育知识困境的表征。学界对教育知识困境的觉知有一个逐渐深入的过程,最初感知到的困境通常是教育知识自身的某种缺失。就笔者耳目所及,最早表达此类困境的是皮亚杰(Jean Piaget)的如下文字:

> 我们立即感到十分惊恐,人们虽曾作过大量的努力,但在我们的教学方法、教学大纲、我们对于问题的看法本身,乃至在作为一门指导学科的整个教育学方面都还没有任何根本的革新。自从一九三五年以来,这种十分不相称的现象并未减少,一直

---

① 例如,瓦隆(Henri Wallon)的心理实验主要是通过比较动物与幼儿对镜像的不同反应,确认人类主体早期心理发生过程中在镜子反映关系的智能优势。

② 张一兵:《拉康镜像理论的哲学本相》,《福建论坛》(人文社会科学版)2004年第10期。

到今天仍然存在。①

在一九三五年与一九六五年这一段时期之内，几乎所有的我们所谓自然科学、社会科学或人文科学中，都能够提出一些伟大的作者、具有国际声望的人物的名字，他们在他们所专心致志从事研究的那一部分学问里面，在一定的程度上，都曾进行过一些深刻的革命。然而，在同一个时期内，却没有出现过伟大的教育学家可以列入杰出人物之列或他们的名字可以在教育史中构成一个里程碑。②

此后，教育知识的价值困境，教育学者的身份危机等逐渐显示出来，教育学陷入了"内忧外患"的艰难之境。以下这段引用率较高的文字颇能揭示教育学的艰难处境。

"教育学"不是一门学科。今天，即使是把教育视为一门学科的想法，也会使人感到不安和难堪。"教育学"是一种次等学科（subdiscipline），把其他"真正"的学科共冶一炉，所以在其他严谨的学术同侪眼中，根本不屑一顾。在讨论学科问题的真正学术著作当中，你不会找到"教育学"这一项目。③

教育知识的困境引发了研究者深深的忧虑。当代教育学者陷入深重的身份危机，对从业学科的认同度低至无以复加，不少学者坦

---

① ［瑞士］让·皮亚杰：《教育科学与儿童心理学》，文化教育出版社1981年版，第2页。
② 同上书，第9页。
③ ［美］K. 霍斯金：《教育与学科规训制度的缘起》，载［美］华勒斯坦等：《学科知识权力》，生活·读书·新知三联书店1999年版，第43页。

言，当初曾有意转向其他学科①。面临此困境，教育学者已从情绪宣泄转向学理探讨，将"教育知识困境"作为学术问题提出来了②。吊诡的是，一部分教育学者通过学理剖析，竟得出"教育学的终结"的结论③。然而，大部分教育学者从审视教育知识自身状态出发进行富有建设性的批判。例如，有论者曾回顾教育学发展历程，认为问题在于，"自20世纪初一直到现在，除了陶行知等一批20世纪上半叶的教育先驱曾偶或给我们带来过自信和亮点之外，'引进'和'输入'无疑是20世纪中国教育学发展的主流，较少有自己的原创"，进而提出教育学者应肩负起"推进中国本土原创理论的建构"，"提升社会的教育智识"等三重使命④。

鉴于皮亚杰最先提出，并较清楚而全面地表述了教育知识的困境，我们拟用"皮亚杰问题"来标识这一困境。具体分析，"皮亚杰问题"所指涉的困境，不仅表现在教育知识的生产方式不适宜，知识成果学术认同度低，也表现在教育知识难以影响教育生活，反映了其在生产、价值与功能方面的三重困境。

---

① 例如，有学者写道："很多时候，我都想离开教育学，找一个其他专业如哲学或社会学作为自己以后学习的方向。"（石中英：《教育学的文化性格》，山西教育出版社2005年版，"后记"）另有学者写道："有一段时间，我曾想放弃教育学专业，因为我对我在这个专业所学的和所教的东西的科学性没有把握，总觉得底气不足。"（齐梅：《教育学原理学科科学化问题研究》，博士学位论文，东北师范大学，2006年，"后记"）还有学者写道："有时，我甚至能清晰地听见自己内心观念的大厦崩溃的声音，思想内部成了一片废墟，在焦灼地寻找着重建的希望。"（李克建：《结构主义、后结构主义与教育研究》，博士学位论文，华东师范大学，2007年，"后记"）对此，笔者深有感触。

② 郝德永：《教育学面临的困境与思考》，《高等教育研究》2002年第4期；李长伟：《现代性危机与现代教育研究的困境》，《教育理论与实践》2004年第1期；钟海清：《论教育理论研究的困境与超越》，《华东师范大学学报》（教育科学版）2004年第3期；牛利华：《教育学的困境与企盼——略论教育理论思维》，《教育理论与实践》2005年第9期；刘旭东：《教育学的困境与生机》，《教育研究》2005年第11期；吴黛舒：《中国教育学学科危机探析》，《教育研究》2006年第6期；等等。

③ 吴刚：《论教育学的终结》，《教育研究》1995年第7期；[美]埃伦·康德利夫·拉格曼：《一门捉摸不定的科学：困扰不断的教育研究的历史》，教育科学出版社2006年版，第10页。

④ 彭泽平、陆有铨：《论当代中国教育学者的使命》，《华东师范大学学报》（教育科学版）2007年第4期。

先论生产困境。需要澄清的是，"生产困境"并不是指当代教育学者已经无法进行教育知识生产，而是指教育知识的生产方式与知识观相扞格，由此导致生产的教育知识学术性不被认可、实践中无甚影响。由于"困境"总是直观地反映在教育知识的价值和功能上，学术界对教育学科的批评大多针对"教育知识"的价值和功能，生产本身反而是一种不易为人发觉的困境。不过，生产困境也并不经常出现，一旦出现就预示教育知识出现"系统性"问题，如若置之不理则将遭到"普遍性不满"①。当然，一定程度的"怀疑"和"不满"是学科知识产生和更新的动力，但若"过度"就会给整个学科发展带来极强的负面影响。当前"教育知识原创性""教育学范式"等研究处于学术兴奋中心。人们极力为教育知识的合法性辩护，努力改造教育知识生产的机制以超越困境。这表明教育知识的生产困境已为教育学者察知，并使其产生了持续、强烈的学术焦虑。

再谈价值困境。当前，我国教育学科在社会科学中的影响力很弱②，教育知识难以获得公认的学术价值与地位。价值困境指，教育知识的学术性、教育学科的地位在整个学术界不被认可。学科价值对于一门学科的发展十分重要。从正面讲，学科价值是构成学术共同体凝聚力的要素，学科知识越是被认为是"神圣的""有重大意义的"，学术共同体就越容易建立起来，并且共同体对个体的约束力就越强③。从反面讲，严重的价值困境，将使研究人员产生学术自卑感，甚至萌发退离学术研究的意向；处于价值困境的学科还

---

① 所谓"普遍性不满"，指不满的"主体"既包括教育学者，也包括其他学科研究者，甚至是一般非专业知者。出现这种情况如不图改善，教育知识将会受到"普遍性拒斥"。届时，教育学科地位，教育学者的身份认同都将面临"崩溃"。

② 曾天山、滕瀚：《改革开放后我国教育学科在社会科学中的影响力分析——以〈中国社会科学〉刊发的教育学术论文为例》，《教育研究》2013 年第 4 期。

③ ［美］R. K. 默顿：《科学社会学——理论与经验研究》，商务印书馆 2003 年版，第 363 页。

将面临另一个更重要的问题，即缺少对优质研究者的吸引力，这将使该学科陷入恶性循环难以脱离困境；当教育知识的价值困境深重至极时，整个学科存在的合法性将受到质疑。同时，更可理解的是，价值困境不仅影响到教育知识生产者，还影响到知识使用者，使他们对教育知识不信任，不承认其意义和价值。当今教师职后培训大多不受欢迎或许便是显例。

最后析功能困境。任何知识都能给人类生活带来一定的客观效应，此即知识的功能。教育知识的功能表现在其对教育生活带来的变化。在我国教育史上，近代海外舶来的教育知识发挥了巨大功能，使时人从教育观念到教育实践产生了彻底的变革。若将其时人们对教育知识的"热情"与如今的"不屑"相比较，则不免让人悲叹。教育知识是如何陷入功能困境的？问题似发原于教育知识的生产方式。一种生产方式所能负荷的知识增量是有限的，达到极限后就难以生产出新的教育知识。此时，已有知识已经融为教育常识，现有教育知识生产方式又难以实现知识创新，教育生活则只能通过常识维持下去，久之，乏善可陈的教育知识就越来越受到拒斥。教育知识被指责对人们的教育实践无所帮助，实践者根本不相信教育知识的有效性，教育知识似乎成了教育学者自娱自乐的产物。功能困境给教育学者带来很大困扰，对此，有学者提出"教育知识实在化""教育知识的发展"等研究课题。但这些研究大多未能超越"教育理论与实践关系"的研究成果，难以给人启发。

比较而言，生产困境是教育知识的基本困境①，价值困境是生

---

① 在此，有必要对"基本困境"做进一步解释。如果说生产困境是最基本的，那么不存在生产困境时是否便没有价值和功能方面的问题呢？要回答这个问题需要区别"困境"与"问题"。首先，多重因素（包括非教育因素）相互交织使研究者难以解决，学科发展遂陷入"困境"。"困境"使研究者产生焦虑，抑制知识生产，阻滞教育知识的发展。"问题"是有希望被解决的，"问题"的解决便增加教育知识，因此"问题"往往能激发知识生产。没有生产困境，也会出现价值问题或者是功能问题，但只有出现生产困境，才可能出现其他方面的困境。生产困境作为"基本"困境的含义便体现于此。

产困境积累到一定程度的必然后果，功能困境则是教育知识的生产困境与价值困境在教育生活中的具体反映。

（二）教育知识如何可能

其实，任何学科在发展过程中都会产生各类困境，当代一些比较成熟的学科，例如数学、物理学就是一再产生困境的学科①，不独教育学如此。然而数学与自然科学的困境大多仅处于生产困境，还未延及价值困境和功能困境，就被研究者通过"科学革命"摆脱掉了，从而维持了知识的生产和创新。似乎教育学者对教育知识困境的反应太过迟钝，以致教育知识陷入生产、功能、价值的"全面困境"之中。

教育知识困境，从根本上说源于生产困境，是关于"教育知识如何可能"的普遍焦虑。这种知识焦虑如何产生？我们认为，知识困境的焦虑产生于社会生活形式的变换。一般来说，知识的危机和更新大都与社会变革有着深刻的契合。这当然不应看作是一种巧合。"个体经验的整体性的破坏与文化和群体的完整性的瓦解是一致的。当统一的集体的行动基础开始削弱时，社会结构便倾向于解体，并产生了埃米尔·迪尔凯姆所说的社会反常状态，即一种社会空寂或空虚的状态。"② 这种社会普遍性焦虑向学科知识观念传递，就会催化知识观念的更新，造成新的知识观念和旧的生产方式失调，进而使知识生产面临困境。当然，由于社会变化程度的不同，各种焦虑向不同学科所传递的焦虑程度也不一样。面对陷入"困境"的教育知识，教育学者大体有两种作为方式，一是修正教育知识以使之能经受各种批评，二是反思"教育知识如何可能"，从教育知识生产的根本处寻找出路。前者适于解决各种具体的知识问

---

① 胡作玄：《第三次数学危机》，四川人民出版社1985年版，"引言"。
② ［德］卡尔·曼海姆：《意识形态与乌托邦》，商务印书馆2000年版，"序言"第16页。

23

题，而当教育知识陷入生产困境，尤其落入生产、价值与功能的"全面困境"时，就需要进行"如何可能"式的追问。

深入分析可知，社会变革为教育学带来的焦虑远远大于其他学科，这是由教育与社会的密切关系所致。教育是社会发展的一种保守力量，它将社会发展的需求内化为自身的目的，以此维系着社会的稳定。这种"先天"关系决定了教育很难超越社会的发展速度，知识经验的有效期限较短，生产方式更易遭到质疑。通常情况下教育知识似乎很难不处于一种困境的状态之中，教育学者自然要比其他学科研究者承受更大的学术压力，产生更深的焦虑。正因为如此，有论者认为，教育知识困境一旦排除将促进整个社会的高速增长，从而为其他学科的发展带来意想不到的推动作用①。据此，教育学对社会发展负有重大使命，只有明确学科使命，正视知识困境并成功排除困境的教育学者才堪奉为载入史册的"里程碑"式的"教育学家"。

教育知识的"困境"也是教育知识的"生机"。虽然困境具有上述种种危害，但只有它被明显地提出来并得到解决，一门学科才有可能发展至成熟状态。很多学科在发展过程中都不止一次地提出知识困境，一次知识困境的克服也就是一门学科合理地解决了"知识如何可能"的问题。人文社会科学往往通过"研究转向"来克服知识困境，例如，哲学就曾通过"认识论转向""语言哲学转向"摆脱困境重获发展。同样可以认为，当前教育知识的困境也给教育学发展带来了机会，为教育学者提供了改写教育知识史的机遇。

---

① ［美］华勒斯坦等：《学科·知识·权力》，生活·读书·新知三联书店 1999 年版，第 45 页。

三　已有解答

从理论上讲，任何教育学者都存在"教育知识如何可能"这一基本假设，只不过大多以某种默会的"前见"作为设定，不做专题性反思，仅反映于知识生产实践之中。综观生产实践，"教育知识如何可能"大致有四类解答，形成四种不同范式①。它们分别是"科学—实证""逻辑—分析""经验—叙事"以及"文化—理解"范式。

（一）"科学—实证"范式

"科学—实证"范式是"可靠性"取向在近代社会中衍生出的具体研究范式。传统观点多从知识研究的内在发展逻辑来解释实证研究的兴起。据认为，教育知识发展至当代，"可靠性"越来越弱，"科学—实证"范式是学界利用实证方法提高教育知识"可靠性"而兴起的。这种观点无疑具有相当的合理性，但却无法解释为何实证研究能获得如此广泛的认同。从知识与社会的关系看，科学实证思想随着近代资本主义的兴起而产生，是拥有自治权利的市民社会在知识生产权力上的自然表达，知识生产方式从神秘的启示、权威的指示转变成为个体的觉知，知识的进步需要生产者勤奋、忘我的积累。实证主义在社会发展过程中型构而成，随整个社会生活形式的变换而兴起的。因与社会生活形式相契合，实证主义故能获得如此广泛的认同。国内情况与此几近。作为"科学"的一种，"教育学"在封建统治解体的前夕被"请进来"。由于这是一门关于"教育"的科学，知识界十分自然地将"科学—实证"研究范

---

① "范式"一词盛行于托马斯·库恩的《科学革命的结构》（北京大学出版社2003年版）之后。然而，库恩对"范式"概念的使用颇为随意，没有给出准确的界定。本书借"范式"表达知识研究中，人们对"知识"的基本理解，以及由此衍生的研究方式与实施过程。

式运用其上。其时，大凡有影响的、做出了重要成就的教育学者，如陶行知、晏阳初、梁漱溟、陈鹤琴等大都根据"科学—实证"范式，亲自设计教育实验进行实证研究。他们的工作为教育知识的生产和积累做出了良好示范，各地的教育实验迅速兴起。现在看来，或许正是科学的研究范式与民主的生活方式相适应，两者相互支撑、相互激荡，才使其时的知识界十分普遍地接受了"科学—实证"的研究范式。

"科学—实证"范式认为，教育现象中存在着一些规律性联系，"教育规律"满足人们关于"知识"的基本界定，教育知识就是对教育规律的表述。教育学只有充满了这样的知识才能走出价值困境，成为一门真正的科学。那么，如何才能从纷繁复杂的教育现象中发现"教育规律"？"科学—实证"范式认为，已往教育知识研究以"形上思辨"或"探索圣言"为主要研究方式，这种研究忽略了对教育事实的考察，不符合科学实证的知识观，因此其知识体系不过是一连串不切实际的空想。"科学—实证"范式充满对教育知识科学化的信念，一心想把教育知识变成像自然科学一样的真理，揭示教育实践中的必然和永恒联系的学问。它认为超越哲学思辨的普通教育学是完全可能的，并决心要用新的方式建立一门普遍适用的教育学。颇值得玩味的是，"科学—实证"范式并不与哲学研究截然对立，它在研究（实验）假设与理论解释中为教育知识的形上素质做了保留[1]。毕竟教育知识来源于人，关涉人的行为和思想，而无涉于物理事物本身，形上思辨似乎是教育知识不可缺少的内容[2]。

---

① 冯向东：《关于教育的经验研究：实证与事后解释》，《教育研究》2012 年第 4 期。

② 为何实证研究极力反对思辨但又不能够彻底摆脱思辨？实证终究不过是一种知识确证的方法，不能解答其要论证的观念从何而来。这是一个值得讨论且颇有趣味的问题。从知识社会学角度理解，实证研究作为资本主义社会的思维方式的代言者，其不能完全排除思辨是否可理解为其表现了资产阶级的妥协性？

（二）"逻辑—分析"范式

"逻辑—分析"是承接"科学—实证"的一种解题范式，其产生是社会主体成熟的思想标志①。"逻辑—分析"范式虽然对是否存在"教育规律"未做出明确表态，但都相当一致地承认教育知识应当具有"可靠性"。此范式虽然承认教育活动中存在着"可靠性"要素，但对如何探求这种"可靠性"却做出了与实证研究完全不同的思考。"逻辑—分析"范式认为，教育实验并不适合教育的特质，因为教育活动是人的活动，教育知识生产的对象从根本上说自然也是人。人具有不同于物的秉性。物体的性质非常稳定，因此科学知识推广性很强，教育现象中则难以找到类似物理现象中的客观规律，强制推广教育知识则会造成适得其反的结果。"可靠性"应当循着另一方向，即从教育知识所蕴含的理性中去追寻。根据"逻辑—分析"范式，首先要将教育知识体系中的各种概念进行彻底的分析，澄清它们所表述的意义，只有教育概念的内涵清晰明了之后，教育知识才能展现出客观的"可靠性"。

在这一思路的启发下，执此信念的研究者开始对教育概念进行深入的"辨析"，概念分析由此流行开来，"教育目的""教育原则""教育功能""课程""教师"等概念分析成为研究"时尚"。随着研究的深入，人们感到仅仅停留在概念分析对提高教育知识"可靠性"的作用仍十分有限，有论者开始考察教育知识中的一些基本命题②。由于教育概念和命题的分析易陷入"细枝末节"的烦琐考证，无法触及教育知识的整体架构，不少学者接着反思教育知

---

① 当社会处于封建"统制"状态，社会中人以"附属"为特征，"附属人"是没有勇气进行逻辑分析。随着市民社会的产生和成熟，人逐渐从"附属"关系中独立出来，个体的主体性逐渐确立，于是便出现了所谓康德意义的"启蒙"。我国的"逻辑—分析"与此相近，也是在社会"计划"和"统制"解散之后兴起的。

② 陈桂生：《"教育学视界"辨析》，华东师范大学出版社1997年版，第325—425页。

识的逻辑体系。要建立一个绝对严密的逻辑体系，必须找到一个绝对"可靠"的"阿基米德点"，这个"点"就是整个体系的逻辑起点。只有找到了确当的逻辑起点，一个科学合理的知识体系才有可能建立起来。由此关于"逻辑起点"的思考成为研究热点。什么样的起点能够承担起整个教育知识体系大厦呢？人们提出了十数种观点，但直到最后也没有哪种观点获得普遍认同。至此，"逻辑—分析"范式从"概念"到"命题"再到"逻辑起点""逻辑体系"的研究，走完了教育知识形式分析的全程。

（三）"经验—叙事"范式

"经验—叙事"范式是时下颇为流行的一种研究范式①。"经验"代表该范式对教育知识的基本设定："首要的教育问题应该是，对于儿童来说，在这样的环境中，他们的经历和体验会是什么样子。"② 该研究范式下的"经验"概念，是对个体经历反思的结果，而不是一种抽象、笼统的教育经验。它要求"研究者通过描述个体教育生活，搜集和讲述个体教育故事，在解构和重构教育叙事材料过程中对个体行为和经验建构获得解释性理解的一种活动"③。那么，"经验—叙述"范式是怎么成为当代教育知识基本问题的解答策略呢？该范式兴起于后现代理论对启蒙理性的反思。后现代理论对"宏大叙事"的不满，对"本质""规律"等"大词"的批判，使人们对传统教育知识研究中"可靠性"追寻的合理性产生了质疑，对"永恒性""规律性"的教育知识失去了信心。"经验—

---

① 这一研究范式包括目前的"质的研究方法""现象学研究方法""叙事研究方法"，该范式兴于当代社会对垄断资本主义的批判与反动。

② VAN MANEN M. Phenomenologicai pedagogy and thequestion of meaning［A］// VANDENBERG D. *Phenomenologyand Educational Discourse*［C］. Durban：Heimemann Higher and Further Education，1996：39 - 46.

③ 傅敏、田慧生：《教育叙事研究：本质、特征与方法》，《教育研究》2008 年第 5 期。

叙事"范式是教育学者借助当代丰富的理论资源（包括文学、哲学结构主义、史学理论、人类学等）对"整体""宏大"的叙事风格提出挑战，并由此而产生的一种新的理论方式，一种值得关注和探讨的研究范式。

"经验—叙事"是一种注重个体经验的范式。该范式对"教育知识"基本假设与传统研究大相异趣，以至于流兴伊始并不被持传统知识观的教育学者所认同。传统学者对"经验—叙事"的研究成果的最大质疑是，叙事研究选择的个案典型吗？具有代表性吗？叙事研究所得出的结论具有普适性吗？然而，殊不知"经验—叙事"范式的教育知识观已经发生了很大的变化。它关注的不再是教育现象中的"普遍性""永恒性"的联系，并且对这种教育知识的"可靠性"表示强烈的质疑。他们注重"作为个体的人的经历故事及其背后隐藏之于该个体的意义，强调关注微观分析"[①]。该范式对教育知识的假设是"个体经验"，而不是"人类经验"。如果说"（个体）经验"表达了研究者对教育知识的基本观念，那么，"叙事"则表达了该范式所提出的一种知识建构方式。"叙事"的基本目的就是要达到对"意义"的建构，阅读者通过文本的理解逐渐相信"叙事"内容，并且能启发阅读者主动参与"意义"的建构[②]。

（四）"文化—理解"范式

"文化—理解"范式，将"教育知识"看作一种文化现象，从另一个角度解构了传统教育知识观对"永恒""唯一"的"可靠性"追求。持此研究范式的学者对企图构建"普通教育学"的传统研究不以为然，对当代"科学—实证"范式的解题方式更是大加指责。该研究范式肇始于狄尔泰（Wilhelm Dilthey）对赫尔巴特的批判。1888 年，作为柏林大学教授的狄尔泰发表了《关于普遍妥

---

① 张希希：《教育叙事研究是什么》，《教育研究》2006 年第 2 期。
② 丁钢：《声音与经验：教育叙事探究》，教育科学出版社 2008 年版，第 5 页。

当的教育学的可能性》一文，对一直作为德国教育学主流的赫尔巴特教育学展开了猛烈的攻击。他对赫尔巴特依靠理性和逻辑把教育学建成与数学、物理学等一样具有普适性的科学的企图进行了毫不留情的批判，给予了彻底的否定。这篇短文炸开了德国思辨教育学、科学教育学的缺口，而德国教育学界经过这番震动，不得不开始重新思考"教育知识如何可能"这一问题①。国内的教育知识研究与此相仿，学界通过数十年对教育知识"可靠性"的探索，最终竟然发现，教育知识不是越来越"可靠"，而是越来越不被认可，并且陷入"全面困境"之中。于是，一批教育学者开始探讨作为文化现象的教育知识②，他们提出，不同文化背景下教育学整体上呈现出不同特征，各种文化孕育生成的教育学都有其存在的合理性。

"理解"，是"文化"研究范式下对"教育知识如何可能"的具体回答。根据狄尔泰的研究，教育现实状态服从规范、法律和规则，具有约定俗成性和可变化性，教育学的最大特点在于其历史性。狄尔泰提出"理解"的文化理论范式，创立了文化教育学。文化教育学强调个体主观精神对客观文化的理解活动，提出了一种与其他理论不同的教育知识。在该研究范式下，教育现象的客观性并不是"自在""自足"的，还需要通过主体的"理解"才能确立。对同一种教育现象，不同主体，尤其是不同"与境"的主体的理解不仅不会相同，有时甚至是截然相反的③。那么，不同文化下的教育知识孰正孰误？是否还需要对它们进行抽象概括？"文化—理解"范式认为，不同文化具有不同价值，如果强行对某一种文化进行批

---

① 蒋径三：《文化教育学》，商务印书馆 1936 年版，第 28—29 页。

② 周勇：《论教育研究的文化学路向》，《教育研究》2000 年第 8 期；吴黛舒：《"研究传统"与教育学的发展——德、美两国教育学"科学化"道路的差异和启示》，《教育理论与实践》2004 年第 2 期；石中英：《教育学的文化性格》，山西教育出版社 2005 年版，第 193 页；等等。

③ 本书"与境"一词取自塞蒂纳（Karin D. Knorr-Cetina）的科学知识社会学术语。（［奥］卡林·诺尔－塞蒂纳：《制造知识——建构主义与科学的与境性》，东方出版社 2001 年版，"译者前言"第 2 页）

判，必然导致绝对主义的专制；不同文化下教育知识是无法进行价值判断的，对各种文化中的教育知识进行抽象，以确立一种解释所有教育生活的教育知识更是十分危险的，因为一旦它被体制吸纳，就会成为界定、规训所有人的日常生活的知识（教化）权力①。这样，以"普适性""永恒性"为追求的"可靠性"研究范式不可避免将遭到人们的质疑。

四 分析框架

已有研究范式不同程度地为各种困境带来了生机，但是其深层的分析框架限制了教育知识的创新，使其无法从根本上超越困境。教育知识困境的超越需要反思已有范式，建立适切的分析框架。

（一）已有范式的简要评论

"科学—实证"与"逻辑—分析"范式是传统教育知识研究范式的扩展。"科学—实证"旨在通过"实证"方式提高教育知识的"可靠性"，为其克服"价值困境"提供一种研究范式。该范式为教育学者提供"量化""实验""观察""假设"等研究理念和方法，一定程度上提高了教育知识的"可靠性"。"逻辑—分析"范式则是从另一个角度来克服教育知识的价值困境。它认为"可靠性"是教育知识的追求，其他范式之所以无法达到"可靠性"，在于教育知识从概念到命题再到体系都是十分混乱的，因此通过厘清教育概念和命题，寻求适切的逻辑起点就能解决"价值困境"。实际上，这两种范式对传统研究的承袭大于革新，是在传统教育知识观下实施的一种研究技术的革新，这样的革新最多只能暂缓教育知识困境，而不能最终将其克服。我们认为，教育知

---

① FOUCAULT M. Genealogy and social critism, in Seidman, S（ed.）. *The postmodern turn*: *new perspectives on social theory*. New York: Cambridge University Press, 1994: 119.

识已陷入了"全面困境"状态，只有从观念上变革，采取新的分析方式才能促使其焕发新机，重新获得其应有的学术地位、发挥实践效应。

"经验—叙事"与"文化—理解"正是立足于新的教育知识观而提出的研究范式。"经验—叙事"范式是为克服教育知识的"功能困境"而提出的。为解决"理论与事实之间的叙述紧张"，该范式强调对个体经历的研究和反思，突破了传统研究对"普适性""永恒性"的追寻。此外，在知识建构方式上，它注重通过叙述个体经验的建构意义，并提倡读者进行多重诠释和参与意义建构。该范式的研究假设和创新确实为建立新的理论框架提供了丰富的理论资源。然而，"经验—叙事"过分注重"个体经验"，忽视教育知识的理论话语，无疑将会导致教育知识的自我消解。因为"经验意义"的理解是以教育知识为背景，取消了教育知识的理论研究，教育的"经验意义"也将不复存在。可以毫不夸张地说，"经验—叙事"大行其道之际就是教育知识的隐没之时。"文化—理解"范式关注教育知识的生产基础，这或许是该研究范式超出其他范式的地方。它的研究逻辑不是想办法巩固教育知识的"普适性""可靠性"，而是证明多种样态的教育知识存在的合理性，这就从根本上解释了追求"可靠性"的传统研究的"生产困境"之所在。就此而言，不论是狄尔泰的文化教育学派，还是当代流行的文化取向的教育知识成果，都为我们带来了巨大的理论启发。然而"文化—理解"范式在教育知识的建构上，仍然立足于某一文化与境下的"个人"理解，"孤立—封闭"式研究余迹犹在。

以上梳理似可发现，当代教育知识研究范式的发展是一个逐渐摆脱"可靠性"研究，树立"可信性"取向的过程，但这一过程并没有完成。其中，"科学—实证""逻辑—分析"固守传统研究范式自不待言，"经验—叙事"注重"个体"经验，虽然强调"经验意义"的开放性，然而对"个人经历"的注重表明其仍然相信建构主体的"个体性"，因为他人是难以参与知识主体"个人经历"的文本建构的，因而仍属于"封闭"的研究方式。"文化—理解"范式虽然强调教育知识的多元共存，促进了学界教育知识观的改变，但在教育知识的建构方式上并未见有实质性贡献，它所倡导的仍然是在文化与境下进行"孤立"的研究。

已有的教育知识困境的解题范式无法摆脱"封闭的知识观"和"孤立的思想者"的设定，确立新的分析框架宜进一步反思传统研究，超越"孤立—封闭"的基本假设和研究方式。

（二）分析框架的反思与建构

根据前面分析，"孤立—封闭"是"可靠性"取向下的分析框架，转向"可信性"取向的教育知识生产必须设定新的分析框架。新的分析框架与"孤立—封闭"相对，是一种"间际—开放"框架。

勾勒"间际—开放"框架有必要先反思何谓分析框架。所谓分析框架，就是面对分析对象时，研究者借以展开陈述的基本的理论前设与分析取向。分析框架不同于关键词组，关键词是在解决具体问题的过程中逐渐凸显出来的理论术语；分析框架则通常表现为对某一研究领域的整体设定。既然分析框架表达的是一种思维意向和预设，那么不同分析框架对同一现象的解释是截然不同的。它就像一幅画，不同的框架对画面框定剪裁出的效果是不一样的。"框架"决定了什么样的东西将被看见，什么会被忽略。一般来说，作为研究者在研究过程中会反思自己所使用的关键词语，但不会反思自己所使用的分析框架，分析框架是被默认的、非批判性地使用的。一种分析框架是如何向另一种分析框架转变的？对于这个问题的回答，当代学者库恩（Thomas Kuhn）、福柯（Michel Foucault）等都给出了富有启发意义的解答。

"间际—开放"框架有着怎样的理论取向？通过与教育知识传统分析框架相对比或许会更加清楚。分析之前有必要申明：对于

"间际—开放"框架，本书无意给出一个标准定义，诚望通过共同"使用"逐渐确立其内涵。这里先交代我们的理解和使用原则，权作抛砖引玉。

"间际—开放"来自传统分析框架的反思，在进一步理解其含义前不妨回顾"孤立—封闭"分析框架。前已述及，在孤立的思想者和封闭的知识观假设下，传统分析框架着重研究事物的本质，探讨概念确定的含义，必然的逻辑体系。从事物的本质或者概念的确定性含义出发，传统框架下的教育学者看到的是一幅静止的、理想的画面，但却是失真的画面，是不自觉地被研究者个人创建的事实。当然，或许对"可靠性"的追寻是人的本性，但人的成熟过程不就是一个不断超越本性的过程吗？这种对事物本质或者概念定义的分析以"是什么"为核心问题。传统分析框架除对具体事物的确定性感兴趣外还将注意力集中在因果性解释上，力图研究事物发生的本原，要求获得确定性的线性推理。推理者感兴趣的是事件的原因，认为事理本身是脱离社会和人的影响的，具有自主性。就此而言传统分析框架追求的是"为什么"式的原因分析。此外，传统分析框架还对事物将会发生什么样的变化感兴趣，事物的变化具有确定性，这种确定性包含在事物的所谓的规律之中，只要掌握了事物的规律就能够把握事物的发展，还能对事物的现象提出客观的解释。以上分析不难得出，传统框架在分析过程中实行了两种"隔离"，一是将教育现象与研究主体隔离，造成教育知识自在自为的假象[①]；二是将教育学者设定为相互隔离的个体，造成教育知识生产的孤立自持假象。

与传统框架相对，"间际—开放"分析框架从开放和互动的角度来建构教育知识。"开放"意谓其教育知识观乃是持一种"有限

---

① 值得注意的是，"经验—叙事"范式似乎已经打破此隔离。

理性论"①。任何教育知识都不具有无限的真理性，教育知识本身属于整个文化的一部分，它的生产具有一定社会与境性。由此得出两个结论：一是任何教育知识都会随着研究者的态度和研究行为发生改变，二是教育知识还会在使用过程当中发生形变。"互动"体现在研究过程中，教育学者之间的"对话"与"交往"，是"可信性"取向下教育知识生产的重要特点②。教育学者不是孤立的存在，必须不断与其他主体保持交往与互动，任何教育学者背后都隐藏着一个研究群体。教育知识在间际互动中生产，"互动是一种更充分的解释形式"③。

与传统框架相比，新的框架也注重"是什么"，但是并不把它理解成固定的、静止的"是什么"，而注重考察它是"如何'是'起来的"，关注的问题为"如何是什么"。对于这个关键性的问题，其先定假设缘于对研究者与研究对象的关系是知识生产的基本关系的认识，因此它并不将研究者和对象隔离，而是从它们的关系之中分析研究者与研究对象的相互影响。教育现象是什么的问题是与研究者相关的。此外，传统框架注重对教育现象作本源性考察，注重考察教育现象的源流，新的分析框架则重在分析教育现象的"理由"，它不仅要考察"为什么"，而且更加注重"为了什么"，其分析毫不避讳研究主体对事件发生的意义。最后，新的分析框架对教育事件"将怎样"的解释也与传统框架不同。新的分析框架强调研究者之间的互动，这种互动为教育生活的发展提供了动力，教育活动"将怎样"归根结底不受教育者的主观意愿控制，而是由教育学者的生产互动决定的。"间际—开放"框架旨在打破传统框架的两

---

① ［英］巴里·巴恩斯等：《科学知识：一种社会学的分析》，南京大学出版社2004年版，第65—70页。

② 孙俊三：《教育研究的境界——论教育学的学术品格与学术精神的追求》，《教育研究》2005年第11期。

③ ［奥］卡林·诺尔-塞蒂纳：《制造知识——建构主义与科学的与境性》，东方出版社2001年版，第36页。

种"隔离"。

借助反思和对比，我们提出"间际—开放"框架，然而，这一分析框架至此不过是一个简略的设想，还有待阐发。只有对研究视域、理论基础、解题路径等进行一番探讨，这一新的分析框架才能付诸研究实践，发挥应有的作用。

第二章 "间际—开放"框架的
理论勾勒

教育知识在"可靠性"研究取向下陷入多重困境。"可靠性"教育知识的困境不仅由其内在逻辑的演化所致，更根本的原因在于，传统的充满控制的社会生活形式已经一去不复返，当代社会是偶然性主导的"世界性社会"，是一个"失控"的世界[①]。在这样一个失去强制联结的社会当中，"中间组织"对社会秩序的形成和稳定影响日甚，"信任"在整个社会生活中发挥着重要作用[②]。教育知识研究的"可信性"范式正是在这一社会与境中产生[③]。本章探讨的是"可信性"范式下的"间际—开放"分析框架，主要涉及"研究主题""本体论基础""方法论启发"以及"理论路径"，大致沿"视域—立足点—策略—思路"这一叙述逻辑对分析框架进行理论勾勒。

---

① ［英］安东尼·吉登斯：《失控的世界——全球化如何重塑我们的生活》，江西人民出版社 2001 年版，第 14—15 页。

② 郑也夫：《信任论》，中国广播电视出版社 2006 年版，第 121—124 页。

③ 在这一社会与境当中，人的行动若以"可靠性"知识为依据将变得寸步难行，以吴康宁教授的话来讲，在此与境下的人只能"在假设中生存"（吴康宁：《转向教育的背后——吴康宁教育讲演录》，华东师范大学出版社 2008 年版，第 8—27 页）。然而，在我们看来，失去了"信任"的假设是难以成为人生存的基础的。

一 研究主题："教育知识如何可能"的 社会学解答

"研究主题"确立理论视域，标识理论边界。"间际—开放"框架分析的主题为，从社会学角度解答"教育知识如何可能"。面对此主题，须回答如下问题，其一，"教育知识如何可能"是什么性质的问题；其二，从社会学角度回答这一问题是可能的吗？适切的吗？

（一）"教育知识如何可能"的问题性质

教育学者在知识生产过程中时常提出各种问题。在种类繁多的教育问题中，有事实所致的，如"教育是什么"；有逻辑演绎所致的，如"教育学的逻辑体系是什么"；也有理论视角所致的，如"教育学的学科立场是什么"。无疑，"是什么"是教育知识生产中最常见的问题，这些问题的探索丰富了现有的教育知识体系，使其更自如地面对来自客观事实的检视，提高了教育知识的学术品质。例如，在教育知识史上，洛克提出"绅士教育"如何实施的问题，系统探讨了资产阶级教育的目的、内容与方法，为其时代提供了一种新的教育方案；斯宾塞提出"什么知识最有价值"，确立了资本主义教育的主干课程。各类"是什么"的教育问题都有助于教育知识的量的积累，可称为"增量性问题"。当然，教育知识的进步不能只依赖这些增量性问题，必然还有与之不同的进步类型以突破增量进步的极限。

我们认为，在知识生产中，还存在"增质性"问题促进教育知识在质上的飞跃。增质性问题促使教育学者对现有的教育知识实施根本性反思，审视以往的教育知识的合理性，并最终选择另外一种知识建构方式，开启新的知识道路。增质性问题的出现并非缘于学科内在矛盾或冲突，而是社会生活形式的根本性变化所致。例如，在西方社会发展至自由资本主义时代，杜威提出，面对当前的民主社会，教育知识如何可能？以往的教育知识关涉专制压迫的社会环境中的教育建构，当社会环境发生巨大转变，已有教育知识已经不再合理合法。"教育与民主"的审视要求研究者重新认识教育现象，建立与传统教育知识不同的新的教育知识体系，即所谓"进步教育"知识体系。又如，弗莱雷（Paulo Freire）提出，在纷纷寻求解放的殖民社会中，教育知识如何可能？这驱使弗莱雷反思传统教育知识，批判传统教育知识的压迫性质，进而建立起著名的"解放教育学"的知识体系。可见，"如何可能"对于增质性问题的表征起着重要作用。

以上分析表明，"教育知识是什么"与"教育知识如何可能"是两种不同类型的问题。"是什么"属于增量性问题，"如何可能"则属于增质性问题。增量性问题与增质性问题有何不同？这要从二者的追问方式来进行分析。

从追问方式看，"教育知识是什么"表达一种"本质性"追问，"教育知识如何可能"则属于"本体性"追问①。本体性追问为知识生产的深度提供保障，本质性追问则保证其广度。本质性追问以本体性追问为前提，任何增量性质的知识生产都是在一定程度的"深度"上进行的扩展，因此"教育知识如何可能"是比"教育知识是什么"更为根本的问题，对"教育知识如何可能"的回答将限制人们回答"教育知识是什么"的思维方式。一般而言，人们对"如何可能"的回答总是潜在的、预设性的，它是一个时代对教育知识生产方式的共同假设，人们在这一假设下从各方共同探讨教育知识"是什么"。由此，"如何可能"问题不可能经常成为研究者的思维对象，否则将严重影响教育知识的生产，

---

① 高伟：《教育现象学：问题与启示》，《清华大学教育研究》2004年第1期。

扰乱人们对教育知识的判断。反思"如何可能"的起因在于社会生活形式的变换。由于社会生活形式的变化，旧有的教育知识不但脱离生活实践的基础，而且与人们所形成的新的思维方式格格不入，这就促发学界开始反思"教育知识如何可能"。

当前社会从"强制性联结"走向"非强制性联结"①，逐渐形成一种新的生活形式。然而，教育知识生产中仍多见"是什么"而鲜少"如何可能"的问题，"如何可能"问题的缺失使教育知识缺乏深度，日益脱离社会生活形式，并复使教育生活陷入无根之境，教育知识困境油然而生。

（二）社会学解答的可能性

如上所述，教育知识"是什么"的研究是在"如何可能"的假设下展开的，教育学者对"如何可能"的解答构成了教育知识的研究范式。教育知识"是什么"的回答无不建立在对某种研究范式的认同基础上，其追问方式不存在"解答可能性"的焦虑。教育学者对"是什么"类型问题的解答不过是通过研究行为再一次确认其范式的合理性。与此相对，教育知识"如何可能"问题否定了现有范式的合理性，存在着"解答的可能性"焦虑。那么，从什么角度来分析"教育知识如何可能"呢？根据我们的理解，"如何可能"问题是在反思以往"可靠性"取向的基础上提出来的，其解答应建立在对"可信性"取向及其框架（即"间际—开放"）的分析基础之上。

"可靠性"取向下的解题范式不可能解答"可信性"取向下"教育知识如何可能"的问题。"可信性"取向下"如何可能"的解答应当转向社会学求解，这既可从"可信性"知识的含义窥见其所以然，也可从分析框架的研究设定的理解上进行论证。

————————

① 当代"非强制性联结"集中表现为，对权力支配的反动、对理性暴力的反动，实质是一种"反"强制性联结。

从"可信性"知识的含义来看社会学解答的可能性。其一，"可信性"知识联系着在场和不在场的研究者①。知识的生产是教育学者对其他研究者（包括历史上的研究者）建立信任关系的过程，知识的产生标志着研究者之间的信任关系的稳定化。其二，"可信性"知识联系着教育学者和教育者。"可信性"表明知识与行动的一种"信任"关系状态，这种信任状态使人们的认识和行动都显得自如与合理。其三，"可信性"知识蕴含着教育学者个体的"生平情境"②。知识是社会联结形式在思维方式上的反映，当代教育学者处于以"信任"为基本联结的社会，有必要从研究者新的"生平情境"探讨"教育知识如何可能"。可见，"知识"本身是人与人之间、人与历史之间以及人与社会之间的联结点，正是社会本身的稳定和有序保证了"知识"的可能。从"可信性"的含义看，以社会学分析教育知识，解答"教育知识如何可能"是适切的。

从"间际—开放"框架来看社会学解答的可能性。"间际"，是"主体间际"（Intersubjektivitaet）的缩写语，相关术语还有"主体交互"或者"主体间性"。主体间际是哲学研究为走出唯我论而提出的学术概念，集中反映了当代学术研究的普遍取向，以此分析教育知识生产具有多方面的理论资源③。此处借用"间际"概念，无意研究教育知识的先验基础，而仅关注教育知识的社会本体，因此需要剥离哲学的认识方式，从新的角度理解"主体间际"。其实，"主体间际"不但是一个重要的哲学术语，也是社会学的一个基础性概念。"主体间际"意味着"对一个以上的主体而言的共同

---

① "不在场"在此不仅指不在当下，而且也包括"不在世"的历史上的研究者。

② "生平情境"是现象学社会学家许茨（Alfred Schutz）提出的术语。许茨认为，每个个体以一种特殊的方式使自身处于日常生活之中，他这样做所依据的是"生平情境"。（［德］阿尔弗雷德·许茨：《社会实在问题》，华夏出版社 2001 年版，第 4 页）

③ 例如，科学哲学研究中彭加勒（Henri Poincaré）和迪昂（Pierre Duhem）的"约定论"，分析哲学中奎因（Willard Quine）的"整体主义"，等等。

有效性和共同存在"①。主体间际不仅是个体之间的交互基础，也可标识群体间的交互基础，主体之间的关系构成了社会本体。从社会学来解读主体间际既可奠定自身的学科基础，又为理解主体间际提供了新的学术视野。作为解答教育知识生产的一种方案，"间际"蕴含着社会学的思维方式，自然要求从社会学角度解读"教育知识如何可能"。

从另一个关键词——"开放"——来看社会学解答的可能。"开放"一词是相对于"封闭"的知识观而提出来的。传统知识观的两种"隔离"使其成为一种封闭的知识观。"开放"的观念与此相对，认为认识主体与客体发生关系必然要以主体之间的关系为基础，知识的存在状态也要以主体之间的关系状态为基础。从"开放"的观念来看，没有作为个体的"私人知识"，也没有"封入"客观实在的永恒不变的"知识"。根据"开放"知识观，教育知识的研究者是"被抛"入一个交互关联的世界，这个相互关联的世界既赋予其学者身份，也为其提供学术研究的"前见"。此外，"知识"在不同的主体间际状态中具有不同的命运，它随着教育学者的使用和解读动态发展。"开放"与"间际"是紧密联系在一起的，不可能只从"间际"来研究教育知识，而不涉及"开放"概念；也不可能只谈"开放"而不涉及"间际"。从根本上讲，"开放"就是研究主体之间的互相开放和交互作用，也是教育知识本身向社会和文化的开放，允许根据社会和文化与境进行建构，也允许从不同的社会和文化做不同的读写。

"间际—开放"的解题策略，是一种社会学的解题策略，其本意是要求从社会角度来分析教育知识的社会和文化建构。教育知识生产在此被理解为一种社会现象，揭示教育知识生产的社会性质是本书的研究主旨。

---

① 倪梁康：《现象学及其效应——胡塞尔与当代德国哲学》，生活·读书·新知三联书店 2005 年版，第 139 页。

（三） 社会学解答的合法性

教育学的独立虽然借助其他学科作为理论基础，但这并不是说教育学者对此没有丝毫担心。赫尔巴特曾焦虑"教育学变成其他学科的领地"，而我国学者也同样指责教育学存在着这样的危机[①]。由此，将其他学科理论移植入教育学是否合法，已成当代教育知识生产不得不反思并做出回答的问题。这一问题也当然适用于对我们的研究视角作合法性质疑，如果忽略这种"质疑"而直接进入实质性分析，则视角的"合法性"将危及解题的"可能性"，从而影响研究结论的可信性。由此，"合法性"分析是对前面"可能性"研究的深化，只有解决了研究视角的"合法性"问题，"可能性"才能更加充分地展现出来。

"合法性"是一个关乎学科自主权的问题。学术界是一个生态圈，各学科在相互影响中逐渐分化出强势学科和弱势学科，二者进行着不平等的学术交流[②]，弱势学科通常要为保证学科自主权而努力。什么是学科自主权？即学科对研究者的培养、研究方法的使用、所获知识的评判等有自行决断的权力。毫无疑问，强制以本学科视角解读其他学科领域不是"自主"的应有主义，当然，某一学科领域任由其他学科研究"驰骋"肯定也不是"自主"的体现，"学科自主"并不指向"自生自灭"。作为一门弱势学科，如果为了维护所谓的学科自主权，不主动吸纳其他学科的可取之处以增强自己的解释力，提高自身的学术品位，终难立足于学术之林。对于教育知识生产而言，存在争议与分歧的生产方式表现为，借用其他学科理论和方法分析本学科领域的现象，企图以此改善本学科的知

---

① 陈桂生：《略论教育学成为"别的学科领地"的现象》，《教育研究》1994年第7期。

② 李政涛：《教育科学与其他相关学科的"对话"》，上海教育出版社2001年版，第41页。

识水平，这种行为是否影响到学科自主权？我们认为，这一问题的回答涉及研究者的"学科心态"。

何谓"学科心态"？知识生产总是立足于某一学科，其成果只有在某一学科的知识网络中找到相应的位置，才能获得相应的学术评价。这种学术制度促使研究者形成"学科心态"。在当前学科综合化趋势越来越明显的背景下，正是"学科心态"的存在使各学科在研究对象、概念体系方面仍然泾渭分明。"学科心态"是学科立场、学科视角的心理依据，是比它们更为隐秘、更为稳定的因素，是研究者在长期的学科知识积累、研究方式实施的过程中确定下来的。只要"学科心态"没有动摇和变化，研究者就会从某学科视角和立场研究问题并自觉将研究成果归属于该学科知识体系。据此，"教育学成为其他学科的领地"是否属实还有待商榷。教育作为一个公共领域，成为其他学科的研究对象，这无法阻挡也无可厚非[1]。然而，这种现象的产生是否就意味着教育学"被占领"，甚至是"教育学的终结"？对此，有论者做出了颇有说服力的回答，认为其他学科研究者只能是"研究教育"，而只有教育学者从事的研究才是"教育研究"[2]，"研究教育"与"教育研究"二者的重要区别便在于"学科心态"。

教育学者如何保持自己的"学科心态"？当代教育知识生产中充斥着其他学科的术语，这种现象不能不使人担心教育学者是否还具有教育学的"学科心态"？我们认为，教育学的学科发展既不能不参考其他学科的理论成果，又不可对其他学科概念照抄照搬，丧失自己的"学科心态"。要做到这两方面，就要求教育学者对其他学科的了解不能"浅尝辄止"，对其他学科的借鉴不能仅仅着眼于研究方法借用，从事简单的概念搬迁工作，而要着力于通过借鉴其他学科理论启发教育学科方法论的改进，促使教育学内生出高品质

---

[1] 孙振东：《当前我国教育学建设中的几个问题》，《教育学报》2005 年第 5 期。
[2] 同上。

的教育知识。

我们对社会学的借鉴，正是立足于教育学的"学科心态"，以"主体间际"和"开放互动"创新教育知识生产方式，期冀改善教育知识的学术品质，突破其多重困境。"教育学心态"使我们无法以社会学的应用、发展作为研究目的，对其借鉴也必然注重思想和方法论而轻形式概念。由此本书行文中或许很少社会学术语，但诚望借助社会学（主要是知识社会学）理论方式促进新的教育知识观的形成。

二 本体论基础：社会存在决定思维认识

认识论和本体论相联系，本体论是认识论的基础①。本体论预设为"间际—开放"框架提供分析的立足点，明确"本体论"预设有利于准确理解和使用此框架。总体而言，"间际—开放"框架以"唯物主义"为本体论预设，分析思路取"限制性相对主义"。

（一）相对论与唯物论

从社会学角度解构教育知识的封闭特性，批判绝对论、永恒论教育知识观，将不可避免地使我们的分析思路表现出相对论色彩。相对论是否属于唯心论？不少唯物论研究都将对唯心论的批判扩及相对论，似乎相对论就是唯心论，至少二者有着说不清的关联。本体论预设宜先澄清相对论与唯物论的关系。

先析唯心论与唯物论。在漫长的哲学史上涌现出了许多流派，有的以学派的观点命名，如原子论、唯实论、唯名论等，有的则以学派创始人命名，如笛卡尔学派、伊壁鸠鲁学派等。但这些学派的

---

① 夏甄陶：《认识论引论》，人民出版社 1986 年版，第 51 页。

划分大多纷繁复杂，且主要是从历史角度进行划分，表现出较大的随意性、偶然性，较少具有哲学研究的意义。这些流派的名称虽然一直沿用至今，但其划分"并不是很科学的，许多名称仅仅具有代号的作用，我们切不可从它们的名称去把握它们的哲学观点"①。从 18 世纪法国唯物论者开始，许多学者才从哲学基本观点的分析来划分哲学派别，从此唯物主义和唯心主义开始流传开来。唯心论和唯物论的根本区别在于思维与存在的关系的不同认识。按照马克思主义观点，思维与存在的关系问题的第一个方面是区分哲学基本派别的依据②。"哲学家依照他们如何回答这个问题而分成了两大阵营。凡是断定精神对自然界说来是本原的，……组成唯心主义阵营。凡是认为自然界是本原的，则属于唯物主义的各种学派。"③

再谈相对论与绝对论。相对论与绝对论的划分离不开"主体"因素，它是基于思维过程与主体处在认识论中的地位的不同认识而形成的两大阵营。具体说来，绝对论以思维过程为认识论依据，思维过程的普遍性包括思维来源（例如，经验或先验）的基本设定与逻辑演绎的共同遵循，人的认识必须服从思维过程的普遍性。绝对论强调认识应当忽略主体的具体处境，不同主体的处境对认识并没有影响，认识本身有一个自在的普遍标准。相对论不同于绝对论，它强调主体处境对认识的决定性。"为了获得相对真理的学说，我们必须引进认识主体或者说话者，来从认识上重新定义真理的概念。"④ 相对论认为，认识活动毕竟是主体的活动，必然要受到主体处境的影响，认识不可能存在一种普遍标准。纵观哲学发展史，相对论和绝对论两者也是犬齿交错，互相斗争的。绝对论在哲学史

---

① 高清海：《马克思主义哲学基础》（下册），人民出版社 1987 年版，第 50 页。
② "问题的第一方面"，即何者为第一性，何者为第二性的问题。
③ 《马克思恩格斯选集》（第四卷），人民出版社 1972 年版，第 220 页。
④ 江天骥：《相对主义的问题》，《世界哲学》2007 年第 2 期。

上典型表现为经验论与先验论，相对论则大多持一种怀疑论①。极端绝对论描述了共时状态下思维过程对认识的决定性，这是一幅静止的思维图像；极端相对论描述了具体时态下的个体处境对认识的决定性，这是走向"自我否定的悖谬"的哲学。

透过以上分析可知，唯心论与唯物论、相对论与绝对论两对范畴具有不同的划分标准，两者并非相互对应，更非重叠。从哲学史上看就更加清楚了，例如，洛克的经验主义偏向于"唯物论"，但他相信有普遍的知识标准，其《人类理解论》就是要研究这个标准来为人类知识划定界限和范围，洛克哲学亦属绝对论；又如笛卡尔、莱布尼茨等理性主义，他们从先验假设开始逐渐演绎成理论体系，应当是唯心论的，这一体系表达了对绝对知识的探索；再如古希腊哲学家留基波（Leucippus），被马克思（Karl Marx）和恩格斯（Friedrich Engels）称为"经验的自然科学家和希腊人中第一个百科全书式的学者"，但他却表达了对绝对知识的否定，成为史上著名的相对论者。因此唯心唯物、绝对相对是两个彼此区分又彼此交叉的维度。划分范畴的两条标准纵横交错，构成一个哲学思想的坐标平面。我们的基本立场是相对论和唯物论的交叉，至于如何贯彻相对论和唯物论，坚持什么程度的相对论和何种意义上的唯物论，还需要进一步分析。

（二）限制性相对论

当前，相对论活跃于各学术领域，在文化人类学、哲学、社会学诸学科都能发现其踪迹。有论者坚信，"相对主义是不可能被驳

---

① 先验论拒绝以个人经验为起点，实际上是为人类的思维和认识寻找逻辑的起点，如莱布尼茨的单子论；怀疑主义则以个人经验的变换和不稳定特性否定普遍经验的可能性，"感性的确定性和理性的确定性都应该摆脱，人都不应该受这些确定性的诱惑和束缚，这样才能达到内心的不动心"（邓晓芒：《古希腊罗马哲学讲演录》，世界图书出版公司 2007 年版，第 186 页）。

倒的；只能对它做一些限制"①。这里仅就文化人类学和科学哲学的相对论思想作简单介绍，社会学（主要是知识社会学）的相关研究稍后详述。

相对论的人类学表述。在文化人类学中存在两种对立的范式：线性进化论和文化相对论。进化论者以自身所处的文化类型为参照评论其他文化，得出的结论是，自己的文化是先进的，他者的文化是落后的、原始的。例如，泰勒（Edward Tylor）和弗雷泽（James Frazer）把科学看作是进步的、理性的，"原始人"的文化样式则是非理性的、落后的，科学迟早会消除迷信和其他所有的非理性形式。19 世纪社会进化论者把西方科学看作是理性的最高成就，把运用科学和技术的社会看成是最高级的社会。"人类学家的目标就是绘制理性在迂回曲折的漫长人类生涯中的增长"，例如，《金枝》描述了纠结缠绕的人类思想的进化模式，"在此模式中，巫术这条初始黑线慢慢让位于宗教的红斑，最后自身被纯化为科学这条白净的布料"②。文化相对论认为，进化论通过把自己的价值取向和判断标准强加于其他文化，从而达到褒扬自我、贬低他人的目的。文化相对论倡导，不同文化间的不可通约性，理解其他社会及其文化生活必须按照这一社会自身的价值、信仰和理想，而不能采取一种夹杂了私货的"超文化"立场。博厄斯（Franz Boas）和其追随者拒不认同对人类社会进行等级划分，拒绝像泰勒和弗雷泽一样，把不同的文化阶段连接起来拼凑成进化谱系。诚如赫斯科维茨所言，文化人类学应该引导人们理解"每套规则对于在这些规则的指导下生活的人是有效的，理解这些规则所代表的价值"③。

相对论的科学哲学表述。人们通常认为，自然科学是人类知识

---

① 江天翼：《相对主义的问题》，《世界哲学》2007 年第 2 期。
② 同上。
③ HERBERTSON A. *Man and His Work: An Introduction to Human Geography* [M]. New York: Knopf Publishers, 1947: 76.

中最具有客观性的部分，科学的进步是人类理性的线性前进的典型现象，相对主义在此是没有市场的。不少科学哲学家对科学的累积性进步进行了辩护。例如，逻辑经验主义通过构造实证的规则体系来确保科学进步，波普尔则通过证伪使人类的科学真理越来越"逼真"。此时，人类处于科学乐观的时期，相信假以时日科学真理一旦被全部掌握，人们将无所不能。在这种乐观的科学哲学当中，理性占据了全部空间，非理性和信仰是没有地位的。不过，这种乐观主义的神话很快就被库恩打破了。库恩在《科学革命的结构》中引入了科学共同体、科学革命、范式等一系列重要概念，为人们理解科学进步打开了另一个视窗。在库恩看来，科学的进步并非纵向的线性演进，而是不同断面的横向延伸，而且各横断面之间不具有可比性，它们是"不可通约"的。库恩打开了科学哲学中的相对主义局面。此后，拉卡托斯和劳丹（Larry Laudan）受其启发，分别提出了"科学研究纲领"和"研究传统"，一定程度地承袭了科学哲学中的相对主义。费耶阿本德（Paul Feyerabend）更是激进地提出了"自由社会中的科学"理论，科学与迷信、神话并不存在实质性的差异，不能以科学信念强制性压迫其他信念，科学方法应当从"专制"走向"什么都行"。

相对论的雄辩并不能掩盖其理论缺陷，必须对相对论实施一定限制才能防止其造成的理论"苦果"（如"无政府主义"）。前文根据主体处境与思维过程在认识论中的地位的不同观点将人类认识分为相对论和绝对论，相对论认为认识受制于主体的处境，绝对论则认为思维过程本身决定了人的认识。在此基础上，相对论似还可进一步划分为"限制性相对论"与"无政府主义相对论"，无政府主义相对论以个体处境作为认识根据，限制性相对论则以"主体间际"作为认识基础，认为个体本身是在主体间际中建构起来的[①]，

---

① ［美］乔治·H. 米德：《心灵、自我与社会》，上海译文出版社 2005 年版，第158 页。

因此个体偶然处境不能成为认识依据，取个体处境而代之的是主体间际，主体间际而非个体处境才是认识活动的根基。

"限制性"相对论，无政府主义相对论和绝对论三者的关系如何？以"知识标准"为依据可画一条有关无政府主义相对论、限制性相对论和绝对论的轴线，在这条轴线中无政府主义相对论和绝对论处在两端。绝对论一端认为，人类的理性、行为、知识都有绝对的评价标准，离开标准就将被判为谬误、非理性甚至疯癫；无政府主义相对论一端认为，人类的行为和思想的合理性不存在任何标准，人们处于"怎么都行"的无政府主义状态；限制性相对论则处于"中庸"状态，它既否定存在永恒的知识标准，又不承认没有标准。限制性相对论的知识标准与绝对论的标准的区别在于，绝对论的标准是一种纵向的、超越人类的生活形式的标准，而限制性相对论的标准则是一种横向的、基于社会生活形式的标准。

最后还需证明限制性相对论是一种唯物论。由于限制性相对论主张社会对思维的决定作用，证明就变成对"社会存在与思维"的唯物论论证。

（三）社会存在决定思维

前述关于相对论和唯物论非矛盾的辩护，以及限制性相对论和无政府主义相对论之区分，为我们的分析框架奠定了唯物论基础。现在需更进一步，直接论及本书的社会唯物论立场。

众所周知，存在和思维的关系问题是哲学的基本问题，其中存在和思维何者为第一性何者为第二性问题，是区分唯心主义和唯物主义的关键所在。关于"存在基础"问题，马克思、恩格斯在表述上表现出一定的发展性。起初，恩格斯对唯物论的界定为，"凡是认为自然界是本原的，则属于唯物主义的各种学派"[1]。此阶段，

---

[1] 《马克思恩格斯选集》（第四卷），人民出版社 1972 年版，第 220 页。

恩格斯将唯物主义的"存在基础"等同于自然界，认为自然界是本原，是第一位的，而人的精神是派生的，可称为"自然界本原"的唯物主义。

继"自然界本原"之后，马克思还提出过"社会本原"的唯物主义。"在马克思和恩格斯从事其活动的半个世纪中，尽管他们的理论得到了发展而产生了许多变化，但是他们始终坚持这样一个主题：'生产关系'构成了观念的上层建筑的'真正基础'"①，由此可把"生产关系"的本原学说称为"社会本原"的唯物主义。马克思论述道："物质生活的生产方式制约着整个社会生活、政治生活和精神生活的过程。不是人们的意识决定人们的存在，相反，是人们的社会存在决定人们的意识。"② 可见，这里对"本原"的论述已经远远超出了"自然界"的范畴，拓展及社会生活了。这种转化不是偶然的，灵光一闪式的，在马克思和恩格斯后来的很多政治经济学、哲学的著作中，这种转化后的论述是随处可见的。事实上，在马克思主义发展的过程中，从早期的《德意志意识形态》到晚期恩格斯的著作，关于生产关系对知识和思想形式的实际制约程度这个问题的界定是不断发展的，但制约关系确是根本不变的。

马克思从"社会本原"的唯物主义出发通过分析阶级地位及其思维形式，形成了著名的"意识形态"理论。意识形态理论，就是从社会的角度确定意识形态的性质。每种思想都是属于与之"适合"的那个阶级的，属于在特定社会历史与境中表达了其阶级处境、冲突、理想和客观可能性的那个阶级。下面这段文字较能体现意识形态理论的分析方式。

也不应该认为，所有的民主派代表人物都是小店主或小店主的

---

① ［美］罗伯特·K. 默顿：《社会理论和社会结构》，译林出版社 2006 年版，第 691 页。

② 《马克思恩格斯选集》（第二卷），人民出版社 1972 年版，第 82 页。

崇拜人。按照他们所受的教育和个人的地位来说，他们可能和小店主相隔天壤。使他们成为小资产阶级代表人物的是下面这样一种情况：他们的思想不能越出小资产者的生活所越不出的界限，因此他们在理论上得出的任务和作出的决定，也就是他们的物质利益和社会地位在实际生活上引导他们得出的任务和作出的决定。一般说来，一个阶级的政治代表和著作方面的代表人物同他们所代表的阶级间的关系，都是这样。①

将马克思"社会本原"唯物主义转化成容易理解的表达就是：社会存在决定社会意识。"社会本原"论严格说来不仅是一种知识社会学思想，而且更重要的是，它还规定了知识社会学的理论性质，正是如此，马克思学说才成为知识社会学的风暴中心。可以认为，"社会本原"决定了知识社会学的唯物性质，为本研究的唯物论基础的辩护提供了理论支撑。

三 方法论启发：知识社会学理论基质的汲取

"方法论启发"并非方法借用，不能生搬其他学科的理论概念与方法体系，而是通过梳理知识社会学的理论发展，将其中有益的理论基质融为分析框架的要素。知识社会学的理论发展大致如下。

（一）知识社会学的早期萌芽

大多数社会学家都很关注"知识与社会的关系"论题，知识社会学是一个颇具历史渊源的社会学研究领域。先来看看萌芽时期的知识社会学的研究状况。

知识社会学的哲学知识论土壤。在西方古典哲学里，知识论的

① 《马克思恩格斯选集》（第一卷），人民出版社1972年版，第632页。

发展不但历史悠久，而且占有极其重要的地位与分量，古典社会学深受西方哲学的影响，社会学者谈论知识社会学时，或多或少也都带有哲学的影迹①。哲学知识论和知识社会学事实上从来都没有完全分隔开来，知识社会学作为社会学的一个分支学科，是从社会学理论中演化出来的，但是它的思想来源却是哲学知识论②。事实上，即便是经过近一个世纪的发展至今天的知识社会学也同样具有哲学知识论的抱负。知识论对知识问题的研究必然涉及知识的社会属性和功能、知识主体的社会背景、研究对象的社会选择，等等。哲学知识论走向社会学研究有其内在逻辑③。历史上哲学家，如马克思、狄尔泰、尼采（Friedrich Nietzsche）等都为此做出了重要贡献。

知识社会学的早期探索。随着社会学的创立，并伴随着知识在社会发展中作用的加强，知识和社会关系逐渐受到关注。早期的探索者包括孔德（Auguste Comte）、涂尔干、韦伯（Max Weber）等等。据孔德发现："我们的每一种主要观点，每一个知识部门，都先后经过三个不同的理论阶段：神学阶段，又名虚构阶段；形而上学阶段，又名抽象阶段；科学阶段，又名实证阶段。"④此后，孔德又将人类思想理智与社会政治制度以及历史时代的发展相联系，提出一定的社会政治制度与一定的思想发展形态相一致的观点⑤，得知识与社会之关系研究的风气之先。

真正意义上的知识社会学研究是由法国社会学家涂尔干开始的⑥。涂尔干的代表作《宗教生活的基本形式》，其目的不仅在于揭示宗教的起源和本质，还在于考察人类智识发展的历史，提出自

---

① 陈秉璋：《社会学与知识》，唐山出版社图书公司（台北）1995 年版，第 191 页。
② 郭强：《论古典知识社会学理论范式的建构》，《社会学研究》2000 年第 5 期。
③ 郭强：《我的知识经济观》，中国经济出版社 1999 年版，第 111 页。
④ 洪谦：《西方现代资产阶级哲学论著选辑》，商务印书馆 1964 年版，第 25 页。
⑤ 刘放桐等：《现代西方哲学》，人民出版社 1990 年版，第 43 页。
⑥ 刘珺珺：《科学社会学》，上海人民出版社 1990 年版，第 38 页。

己的知识理论，并进而"展示出人性的本质的、永恒的方面"①。涂尔干在该著中通过知识和社会的相互形塑来讨论两者的关系。一方面，涂尔干强调了作为标记的图腾系统，或者说符号系统对集体意识的定型的重要功能。另一方面，涂尔干又对社会生活是怎样成为逻辑生活的源泉进行了论证。涂尔干的知识社会学注重对"概念"的社会生产的论述。他指出，概念是共有的，非个人性的表现，是集体性表现；概念之所以比个人感觉和意向更稳定，是因为集体表现比个体表现更稳定。

萌芽时期的其余研究。韦伯虽然没有正式提出知识社会学概念，但他关于知识与价值关系的观点促进了知识社会学的形成。韦伯指出，虽然研究过程中，"一名科学工作者，在他表明自己的价值判断之时，也就是对事实充分理解的终结之时"②；但科学研究者在研究活动之前，必然要根据价值关联原则选择研究对象。科学知识与社会文化、价值的关联始终是无法剪断的。凡勃伦（Thorstein Vehlen）是一个具有多种学术形象的人物，作为社会学家存在的凡勃伦提出了知识的社会决定论和社会变迁的理论。凡勃伦强调思想习惯是生活习惯的产物，思考方式依赖于社会组织。他论道，"思想体系或者知识体系""在很大程度上是生活的反映"③。思想习惯是与个人在社会和职业阶层中的地位相一致的，"一种科学观点、一种特定的知识态度和基本倾向的问题，是思想习惯的形式；思想习惯是生活习惯的结果"④。

以上梳理似可推知，知识是社会学自产生以来始终关注的领

---

① ［法］爱弥尔·涂尔干：《宗教生活的基本形式》，上海人民出版社 2006 年版，第 1 页。

② ［德］马克斯·韦伯：《学术与政治：韦伯的两篇演说》，生活·读书·新知三联书店 2005 年版，第 38 页。

③ ［美］刘易斯·A. 科瑟：《社会学思想名家——历史背景和社会背景下的思想》，中国社会科学出版社 1990 年版，第 293 页。

④ ［美］托尔斯坦·凡勃伦：《科学在现代文明中的地位》，商务印书馆 2008 年版，第 31—32 页。

域，知识社会学是研究者以社会学视角探讨人类理智及其成果而形成的研究领域。综览知识社会学的各种理论，根据主题的变换大致可将其划分为三种类型的研究："文化—认识""科学—实验""科学—文本"。

（二）知识社会学的"文化—认识"研究

以上所述之所以被称为"萌芽阶段"，在于此阶段多数研究者并没有集中论述知识与社会的关系，几乎都是在其他论题的研究中提及于此。因此，萌芽阶段的知识社会学研究表现出论述不系统、不集中的特点，还没有形成专门性的研究领域。此后，逐渐出现了一批较固定的研究群体，他们的专著获得了成功并成为经典性学术著作，知识社会学逐渐成为引人注目的学术领域。

首当论及的是舍勒（Max Scheler）的"文化社会学"。舍勒是从早期的现象学伦理学研究转向知识与社会关系研究的，因此知识社会学是他的第二个创作时期的主要内容。舍勒在《知识社会学问题》区分了现实因素和观念因素，研究现实因素的社会学以人的"本能—内驱力"为预设前提，研究观念因素的文化社会学则以人的精神为前提预设[1]。精神"越纯粹"，它对社会和历史产生的能动影响就越小，它必须与利益、内驱力，以及集体内驱力相结合，才能间接地获得与现实有关的力量。不过随着社会的发展，人的内驱力的支配能力越来越小，人的精神因素则越来越占显著的地位。知识与社会之间的关系是互相决定的，因此所有知识都具有社会学特征。就科学的实质问题方面，现代科学的根源完全可以在研究者的生活习惯和经济地位等方面找到。例如，拥有特权的封建阶级正是以雇用他人替自己劳动使自己成为经济上不事生产，并且过着沉思生活的阶级；但是，当资产阶级开始为自己劳动并由此创造自己

---

① ［德］马克斯·舍勒：《知识社会学问题》，华夏出版社2000年版，第4页。

的财富时，沉思性的形而上学幸存的概率就大大降低了。另外，舍勒告诉我们，社会对"归纳"和"方法"的强调，有赖于这样一些群体的意志方向——他们坚信选举人的平等权利，坚信多数人统治原则存在的必要性①。

知识社会学的另一位重要人物是曼海姆（Karl Mannheim）。曼海姆对人类知识作了一个断然的划分。人类关于社会的知识截然不同于关于自然的知识。关于社会的知识将不得不深入社会的人与人之间的，集团与集团之间的、阶级与阶级之间的利害冲突，必然不如关于自然的知识"纯粹"。正是为了澄清社会知识的模糊、混沌，曼海姆借用马克思"意识形态"理论，并以弗洛伊德（Sigmund Freud）和尼采的思想为理论源泉，指出，"意识形态"是统治集团的集体无意识，而"乌托邦"则相反，是被统治集团的集体无意识。前者无视社会现实中向未来发展的真实可能，后者则无视社会实际存在本身的现实性。因此它们都是对社会现实存在的扭曲，而且都是受到人们各自的集体无意识的支配。曼海姆创立知识社会学即为改变这种状况。知识社会学可认清偏见、误解、歪曲、谎言等产生的根源，它调和各种偏见、消除误解、揭露谎言以尽一切可能达到客观知识②。此外，知识社会学必须对认识论加以彻底改造，摆脱认识论的个体主义，克服"静态的"真理观。按照静态的真理观，真理和"真"之意义是永恒的，而经知识社会学改造的认识论承认真理是一个历史过程："真"之意义是随着时间而变化的。由此可见，曼海姆的知识社会学是对传统认识论的一种反动。

此外，还有必要提及索罗金（Pitirim Sorokin）的知识社会学理论。索罗金反对任何企图把思想归结于思想家和他们的听众的观点，而勠力在哲学的、宗教的、艺术的、科学的思想及其赖以产生和繁荣的总体文化形态之间建立联系。这与大多数其他社会学家企

---

① ［美］曼弗雷德·弗林斯：《舍勒的心灵》，上海三联书店 2006 年版，第 215 页。
② ［德］卡尔·曼海姆：《意识形态与乌托邦》，商务印书馆 2000 年版，第 269 页。

图从社会结构的角度来理解思想兴衰的观点略有不同。在他看来，一种文化设定的因果关系、空间和时间的方式与自然科学的观念并不与其他文化设定相同，这种现象必须联系特定的社会文化背景去理解①。索罗金用地区性社会与更广阔的世界之间交流的增大，进一步解释狭隘的思想体系如何为更广阔的空间观点所取代。他还向我们清楚地阐述了诸如时间和空间的观念不仅仅是一般性思想的产物，而且也是人类社会具体需要的产物，时间和空间都是由社会文化心态所决定的。

"文化—认识"研究，将知识作为一种文化现象，强调不同文化具有不同的知识确定方式。人的认识必然要带上一种社会性的"偏见"，知识社会学既可解释这种"偏见"，也当努力消除这种"偏见"。此类研究将科学知识排除在外，认为科学知识不受社会影响，为以后的发展留下了空间。

（三）知识社会学的"科学—实验"研究

随着科学在理论和应用上取得迅速而广泛的进步，人类自启蒙运动以来根深蒂固的科学主义信念不断被强化，唯科学独尊的霸权地位得以确立。然而，在经历了经济大萧条时代、两次世界大战、核军备竞赛及环境和生态危机后，科学的"双刃剑"性质已成为普遍共识。20世纪60年代的"反文化运动"支持与科学共同体普遍主义相对立的价值与精神，作为人类文明象征的现代科学受到了怀疑和批判②。这种社会文化氛围刺激知识社会学重新考虑以往本领域的一些限制，形成了以"科学—实验"为主题的科学知识社会学。

① ［美］刘易斯·A. 科瑟：《社会学思想名家——历史背景和社会背景下的思想》，中国社会科学出版社1990年版，第522页。
② 罗英豪：《科学知识社会学的代际演进探析》，《广东广播电视大学学报》2006年第4期。

首先，知识社会学打破了仅限于分析社会知识的樊篱，昂首向"科学"迈进。根据曼海姆的见识，知识社会学旨在分析引起人们的知识发生扭曲，变成偏见、谎言的社会成因，只对知识生产中的非理性来源发生兴趣。对此布鲁尔批评道，"人们之所以对从社会学角度彻底审查科学犹豫不决，是因为他们缺乏魄力和意志力"①。为实施对科学的社会学审查，布鲁尔提出了著名的"强纲领"，主张科学知识社会学应当遵守以下四个信条（tenets）。

一、它应当是表达因果关系的，也就是说，它应当涉及那些导致信念或者各种知识状态的条件。当然，除了社会原因以外，还会存在其他的、将与社会原因共同导致信念的原因类型。

二、它应当对真理和谬误、合理性或者不合理性、成功或者失败，保持客观公正的态度。这些二分状态的两个方面都需要加以说明。

三、就它的说明风格而言，它应当具有对称性。比如说，同一些原因类型应当既可以说明真实的信念，也可以说明虚假的信念。

四、它应当具有反身性。从原则上说，它的各种说明模式必须能够运用于社会学本身。②

强纲领可以说为知识社会学对科学的分析打开了一条通道，从此不但自然科学知识正式成为社会学分析的对象，甚至数学知识、逻辑学知识也成为社会学分析的堂而皇之的内容。

其次，他们主张走进科学内部，深入科学实验生活，研究实然的科学知识生产。对实验室的科学研究进行社会学人类学的考察，

① ［英］大卫·布鲁尔：《知识和社会意象》，东方出版社 2001 年版，第 2 页。
② 同上书，第 7—8 页。

揭示了实验室生活如何集中体现了现代科学知识的社会建构特征。通过对实验室的考察，塞蒂纳提出了科学的"与境性"，认为"不确定性的影响不应被视为具有纯粹的破坏性，科学之所以具有建构'新'信息的能力，就在于科学研究与境的不确定性。正因为存在着不确定性才有了多样性和复杂性的过程，才有了决定标准的转换与选择，才导致了创新"①。另一位实验室研究的代表人物，拉图尔（Bruno Latour）对被当作真理的科学知识如何成为"黑箱"的封闭过程进行了研究。要解开科学的秘密，就必须研究它是如何变成"黑箱"的②。拉图尔对科学知识的确定过程中的集体论证特点进行了令人信服的研究。

最后，经过当代数十年发展，爱丁堡学派（代表人物有巴恩斯、布鲁尔等）对科学知识社会学进行了修正和提升，进一步明确了这一理论领域的当代形态。他们系统阐述了知识社会学的"有限论"主张，倡导一种与境中的科学知识，认为社会成分是作为背景而存在。例如，分类词汇的含义不仅与其使用时的"意义"相关，而且与当前情景下所有其他词汇的含义相关。爱丁堡学派的"有限论"大致可概括为：术语的未来应用是开放式终结的（open - ended）；没有任何一种分类是永远的正确；所有分类事实都是可以修改的；对一种术语的连续相继使用并不是孤立的；不同术语的应用也不是孤立的③。

"科学—实验"研究突破了传统知识社会学对"知识"的限制，将一般意义的知识生产置入社会情境。通过"科学—实验"的社会学研究，社会建构性已成为知识的重要特性。

---

① ［奥］卡林·诺尔－塞蒂纳：《制造知识——建构主义与科学的与境性》，东方出版社 2001 年版，"译者前言"第 3 页。

② ［法］布鲁诺·拉图尔：《科学在行动：怎样在社会中跟随科学家和工程师》，东方出版社 2005 年版，"导论"。

③ ［英］巴里·巴恩斯等：《科学知识：一种社会学的分析》，南京大学出版社 2004 年版，第 66—71 页。

（四）知识社会学的"科学—文本"研究

"科学—文本"研究汲取了符号学、修辞学、解释学的理论和方法，以马尔凯（Micheal Mulkay）为代表的约克学派专于此道，但涉足文本和话语分析的人并不限于约克小组。实际上，所有的科学知识社会学家对科学实践、习俗、文本制造等问题都很感兴趣①。科林斯（Harry Collins）、夏平（Steven Shapin）、拉图尔、伍尔加（Steve Woolgar）、塞蒂纳等都对科学家的文本和话语进行过分析。对他们来说，科学家的文本是整个科学实践的不可分割的一部分，科学知识的社会性质就隐含在这些文本和话语之中，透过对科学文本的分析可以更新人们对科学知识性质的信念。

科学文本分析成为 20 世纪 80 年代后期以来的一个新的研究热点。一些从事科学文本分析的社会学家，将科学实践简化为文学铭写，认为科学家与人类学家都不过是在从事文献阐释活动。例如，伍尔加通过对天体物理学家安东尼·休伊什（A. Hewish）的诺贝尔演讲词的分析展示了科学文本中包含的逻辑和次序。他发现休伊什的说明采取了如下几种模式：其一，"开场白"（Preliminary instructions），包括布景（the setting）、点题（heading）、切入（textual opening），这些内容设定了作者的身份，并引导读者在特定的语境中阅读文本；其二，"客观化手法"（externalizing devices），包括运用准被动语态和诉诸共同体成员资格等，以便削弱作者个人在发现中的地位，使发现看起来更像是种种巧合的产物；其三，"追溯手法"（pathing devices），即以回溯的方式重塑有关研究的历史，把研究工作描述成一系列发展过程的最终结果；其四，"排序手法"（sequencing devices），这是一种确立发现客观性的剪裁程序，通过这种程序，一项发现的其他潜在路径和相关事件被看作背景加

---

① 赵万里：《科学的社会建构——科学知识社会学的理论与实践》，天津人民出版社 2002 年版，第 243 页。

以处理，被认为是不相干的事件①。

诚如前言，虽然很多人都对科学文本颇感兴趣并各自作出了富有特色的贡献，但一般认为，"话语分析纲领"是由马尔凯创始和发展起来的。马尔凯于20世纪80年代在约克大学社会学系开办了一个话语分析研讨班，吸引了一批欧美科学知识社会学家。在对科学文本分析和研究中，以马尔凯为首的约克学派建立起了"分析纲领"，此纲领放弃了用科学家的话语解释科学实际上像是什么这一目标，不探讨科学行动和信念的性质这一传统问题，而是把焦点集中于那些被科学家（和传统分析家）用来以不同的方式描绘科学行动和信念的描述和解释方法。他们所要做的是提供关于那些为科学家使用并具体体现在话语中的解释实践的文本描述，并且标明这些解释程序如何随社会情境而变化②。基本问题不是"如何能从科学家的易变话语中推断出一种关于行动和信念的确定的、分析家的说明"，而是"科学家对行动和信念的说明是如何社会地产生出来的"③。科学家在建构自己的行动和信念时是富有技巧的。

马尔凯在《词语与世界》中揭示了科学家建构非正式争论文本的技巧模式。他发现，如果一个科学家的实验主张正在遇到挑战，他一般会遵循如下一些应对"规则"：坚持让批评者参考他的研究论文，因为这些论文是文本独白，且并未涉及批评者所提出的那些特殊问题，因而可使他始终如一地将其结论说成不过是由论据得出的；仿照研究文献使用非人称说明语气评价自己所得结论的事实性；在每一封信中都预先假定自己的研究结论是事实，将自己的阐述说成最终是与所探究现象的实际完全相符的。如果要挑战其他人的主张，科学家就会相应调整话语方式：把焦点集中于他们的解释

---

① WOOLGAR S. *Science*：*The Very Idea*［M］. London，Tavistock，1988：74-77.

② 赵万里：《科学的社会建构——科学知识社会学的理论与实践》，天津人民出版社2002年版，第255页。

③ GILBERT G N，MULKAY M. *Opening Pandora's Box*：*A Sociological Analysis of Scientists' Discourse*［M］. Cambridge：Cambridge University Press，1984：14.

性工作上,表明他们未能恰当地处理实际现象的复杂性;按照最易解构和诋毁的方式重新概括他人的观点,强调事实与观点、观察与解释、表面含义与真正含义之间的区别,把自己的解释说成是事实,而将对手的解释说成不过是观点。在交流的过程中,双方都会使用一些技巧,例如,每封信都以友好的呼语开头和结尾,预防受到任何闹对立、过于自信和缺乏合作精神的指责。

"科学—文本"分析从微观角度探索知识建构,探明了知识的社会建构的具体过程。此类研究将人们的视角从宏观的知识与社会关系的思考,拉回到具体的知识生产过程中的社会互动,这是对知识社会学研究的发展和深化。

(五) 知识社会学的方法论启示

我们对知识社会学理论的梳理是为获得方法论启发,因此不可避免地带有选择性而不可能面面俱到。"方法论启发"最终体现在分析框架的塑造和丰富。吸收知识社会学富有启发意义的理论基质塑造和丰富"间际—开放"框架,可为后文的分析奠定基础。

"间际—开放"框架的认识论性质。就知识与社会的关系而言,知识社会学内部可分为两种观点,一类是舍勒所持的"平行论",一类是大多数知识社会学家所持的"决定论"。"间际—开放"以社会唯物论为本体论基础,持"决定论"一派的观点,认同"知识的社会建构"。但需要说明的是,这种"决定"是一种非线性的、非因果性的决定,是一种背景对主题式的决定。"决定论"的选择可对知识社会学理论保持最大的包容性。当然,这并不是说舍勒的知识社会学不能为本研究所用,实际上其观点仍有惠及"间际—开放"框架之处。

对"间际"的丰富。其一,教育概念在主体间际的互动中创造与确认。教育概念是非个人性的,是经社会确认了的集体意向的表现,因此它具有超出个人性的稳定性(涂尔干)。其二,教育知识生产通过群体的联合论证完成。教育知识的实践意义和学术价值不能依靠知识主体的自我确证，只能在学术群体的不断使用中施展其影响（拉图尔）。其三，教育知识的社会学分析离不开对文本的分析，文本是教育知识的载体，文本的社会建构集中反映了教育知识的社会生产（伍尔加，约克学派）。其四，教育知识生产过程也体现出社会性，其中包含教育学者的培养（巴恩斯），还包括教育知识生产过程中的意义争夺策略（马尔凯，吉尔伯特），等等。其五，不同生活状态、年龄的研究者也会对教育知识产生重大影响（凡勃伦、曼海姆）。

对"开放"的丰富。"开放"虽与"间际"有非常密切的关系，但同样有其独特的内涵。对"开放"内涵的扩充表现在如下几个方面。一是教育知识与整个社会生活形式相对应。也就是说不同的社会生活形式，将有不同的与之适应的教育知识（舍勒）。二是教育知识向整个社会文化开放。不同文化将呈现出完全不同的教育知识的组织规则（索罗金），因此教育知识没有恒定的逻辑体系，逻辑本身也是社会建构的（布鲁尔）。三是教育知识和术语的开放性。教育知识并不是"无限"的，而是一种"有限"知识。既然是有限的，就需要人们不断地对其进行填充。人们在每使用一次教育知识，也就在赋予对教育知识的意义（爱丁堡学派）。四是教育知识生产过程的开放。通过解读教育知识生产的条件，例如背景知识、教育学者与教育问题，终将发现教育知识的"黑箱化"过程（拉图尔）。

至此，"间际—开放"框架已可承担起分析教育知识的研究任务，后文的分析将主要利用此框架进行。当然，在具体情况下或许还会参照其他理论观点，但"间际—开放"将成为我们主要的理论工具。

四 分析思路："形式—内容"的理论路径

前文为理解"间际—开放"框架做了铺垫，接下来解决一个更加切实的问题，即采取什么思路来运用此框架。没有对这一问题的陈明，"间际—开放"框架的分析就始终不过是形而上的设想，难以付诸实践。

（一）"分析思路"的分析

"分析思路"是一个十分常用而又很少得到反思的研究术语。一般而言，如果不满足于武断地指定分析思路"是什么"，而是力图说明"为什么"是如此时，就需要对"分析思路"本身做一些思考。

分析思路由主体的分析目的和客体的结构特征共同决定。"思路"是达到分析目的的具体运思过程，因此主体的分析目的是决定思路的重要因素。不同的分析目的，对同一事物的分析可能完全循着不同方向展开。例如，对于同一个"十"字符号，虔诚基督徒将之视为崇拜的符号，这种思维倾向将引导他循着以"宗教—基督"思路展开有条理的思维；同样的符号，如果对于一个受伤求医的人而言，他将循着完全不同的方向对"十"字符号展开认识。当然，分析目的并不能完全决定分析思路，否则知识理论就会变成主观想象。分析思路的形成还须参考分析对象的特征，不考虑对象特征就难免缘木求鱼、南辕北辙。

"间际—开放"框架的分析目的为揭示"教育知识的社会性质"。前已言及，随着社会生活形式的变化，传统"可靠性"教育知识已陷入重重困境。在教育知识的多重困境中，生产困境是根本性困境，尽管学界已有种种解题方案，但这些方案基本上都未触及教育知识的生产困境，无法改变教育知识所面临的困境状态。教育知识要摆脱困境，须从"可靠性"研究转向"可信性"研究，"可信性"研究要求从社会学视角分析教育知识。鉴于此，本研究的分析目的不在于分析或评论现有的教育知识，而是立足于"可信性"取向，深入分析教育知识的社会性质，解释当代教育知识困境的缘由，进而为突破困境提供一条可行的建议。"间际—开放"框架将循着"教育知识的社会性质"，分析教育知识的社会基础，探讨教育知识的生产方式与过程。

再看作为分析对象的教育知识的结构特征。已有研究鲜少涉及教育知识的结构，但在元教育学领域，有学者曾言及元教育学研究是一种形式分析，元教育学的研究对象是教育知识的形式而非具体内容①。这一认识将教育知识分为"形式"与"内容"两个方面，形式包括教育概念、教育命题与组织规则，内容则较少得到关注。元教育学研究不关注教育知识的内容，这既是它的特点又是它的缺点②。与此大相异趣，"经验—叙事"范式对教育知识的内容颇为关注，但不注重教育知识的形式，认为"教育经验的复杂性、丰富性与多样性决定了任何一种预先设定的理论框架都会陷入叙述紧张"③，"不过多地用外在的框架有意无意地歪曲实事或滥用实事"④。"经验—叙事"范式对教育经验、意义的研究可看作对教育知识的内容的关注。已有研究显示，教育知识包括"形式"与"内容"两个方面，缺少任何部分都是不完整的。

教育知识包括形式和内容两部分，生产即是知识形式与内容相耦合的过程，据此，我们将循"形式"—"内容"—"耦合"的理论逻辑分析教育知识。

---

① 陈桂生：《元教育学"问对"》，《华东师范大学学报》（教育科学版）1995 年第 2 期。
② 雷鸣强：《对教育理论研究功效低下的反思》，《教育理论与实践》1995 年第 3 期。
③ 丁钢：《教育经验的理论方式》，《教育研究》2003 年第 2 期。
④ 刘良华：《教育叙事研究：是什么与怎么做》，《教育研究》2007 年第 7 期。

（二）教育知识的形式

知识形式分析的两种角度：知识生产与知识发生。从知识生产角度分析教育知识的形式，这种分析角度与康德"知识发生"分析角度有别。康德从知识发生学角度提出"认识何以可能"，认为认识的可能在于认识主体存在着先验范畴，这些先验范畴为人们认识事物提供知性工具，先验范畴是其主要分析对象，这集中体现了知识发生学的分析视角。本书从知识生产角度提出"教育知识何以可能"，"生产"比"发生"的内涵要丰富得多，"知识发生"注重对知识起源的探寻，研究重点在于知识产生的前提；"知识生产"则需对生产基础和具体方式、过程等进行考察，研究重点在于知识的论证方式。康德认为主体的先验范畴是知识的缘起，对范畴类型及其相互作用的探讨就能揭示知识的发生；我们认为知识生产是教育知识要素之间的组合，其分析应及于教育概念、命题及其组织规则。

认识教育概念不妨先进行一个思想实验。设想一下，如果人类记忆中所有教育概念都消失了，将会出现怎样的状况？可以肯定，一种培养人的教育活动仍然存在，但由于缺乏一种集体认同的概念将这种活动固定下来，教育活动将被个人意志所支配，表现出较大的随意性。在这种情形下，教育活动融于其他活动之中无法识别。但随着以"影响他人身心"为直接目的的活动逐渐稳定，人们将根据"行为类型"将教育活动的各项内容固定下来，并给"行为类型"命名，使其成为人们交流和表达教育实践的工具，此即教育概念。

教育命题不同于教育概念，它已超越教育概念的简单指涉，形成一种新的功能，即判断功能。各种判断其实是对教育事实的肯定或者否定。"肯定"表达建构教育事实的一种提议，"否定"则表达取消教育事实的一种提议。如果说教育概念是表述教育实践活动的基本工具，它支撑着一个稳定性的教育世界，那么教育命题则是建构教育事实的基本工具，它可以向教育主体动议建立一个可能性的世界。教育命题是如何从"识别"走向"建议"，如何在集体的互动之中逐渐确证，这正是后文所要研究的内容。

除教育概念与命题外，教育知识形式还包括教育知识的整体构成方式，此即教育知识的组织规则。教育概念、命题是教育知识可感知的表层形式，组织规则是教育知识无法感知的深层形式，它具体体现为教育知识的演绎规则和知识之间的组合方式。在"间际—开放"框架的理解下，教育知识的组织规则本身也是社会生活形式的反映，一定的社会生活形式映射出一定的组织规则。

（三）教育知识的内容

什么是教育知识的"内容"？关于教育知识的"内容"，人们很少做出认真的反思，就像奥古斯丁（Aurelius Augustinus）谈"时间"一样，没有人问我，其含义仿佛是清晰明了的，当有人问我时，却又说不清它的含义是什么①。翻检《辞源》竟找不到"内容"词条，可见，"内容"是一个比较现代的概念。《现代汉语词典》把"内容"解释为"事物内部所含的实质或存在的情况"（第五版，第988页）。教育知识所包含的"实质或存在"便是教育知识的内容。什么是教育知识所包含的"实质或存在"？要言之，教育知识所包含的"实质"是对一种可能性的教育生活的描述和建构。

"间际—开放"框架下如何理解教育知识的内容？首先，教育知识的内容作为一种理想图景的建构，是在众多知识文本的支撑下形成的，需要教育学术群体共同诠释和建构。一个蕴含理想图景的

———————

① 我们认为，概念所存在的情境含义会随着人们的使用变得越来越淡，在这种情况下，当人们反思这个概念的确定意义时，便找不到任何一种能够固定这个概念的含义的情境。就此而言，如果要认识一个概念，需具备一个条件，即能够对概念所依存的情境进行识别。现在我们所面临的"内容"这一概念就是一个缺乏情境的概念。

教育知识，若自生产后从未有人对其教育理想进行理解和诠释，这样的教育知识只能是一堆凝固的文字，知识内容所憧憬的教育生活仅为无人问津的私人设想。其次，教育知识内容向教育知识社会"开放"。教育知识的内容允许被其他知识主体不断地解读，教育知识越是被其他教育学者解读，这种可能的教育生活就越能得到承认，进而越可能转变成为现实的教育生活①。具有重大影响的教育著作，无不频繁地被教育学者诠释和解读，经典教育著作正是在诠释和解读过程中不断获得丰富的。再次，教育知识的内容包含生产和发展两个环节，"生产"对"发展"并没有绝对的制约权力，二者不是截然分开的，教育知识的内容并不在"生产"过程中完成，而是在"发展"过程中长成。

有必要指出，为方便论述计，我们将教育知识的"内容"和"形式"区分开来，然而在实际的教育知识中两者是本然统一的。教育知识的内容存在于知识形式之中，教育知识内容的生产和发展需要借助教育知识的形式；教育知识的形式支撑着知识内容，内容的发展也有赖于形式的调整。

（四）形式与内容的耦合

比较教育知识的形式与内容，教育知识的形式随着文本创建而完成，教育知识的内容则是通过文本之间的诠释和重叠逐渐生成，因此内容与形式并非一一对应。据此，教育知识的形式与内容的耦合也不是一次性的，教育知识的内容是在一系列文本形式的重叠过

---

① 在对教育知识进行诠释的过程中，不可避免地会出现"误读"现象。对此现象可作如下理解：教育知识的诠释和理解是以"社会"而非以"个体"为基础，因此当"误读"表现为"个体"现象时，它并不能决定教育知识的命运；然而当"误读"表现为"社会"现象时，教育知识的命运将发生改变。有学者论及哲学思想的命运时说道："哲学是一种对话，它是哲人之间的对话，然而，却是听众听到了什么，怎样听，决定了思想的命运。"（陈嘉映：《思远道——陈嘉映学术自选集》，福建教育出版社2000年版，第14页）另外，科瑟在论述社会学家的思想时，也通常将思想的命运与其读者群体的性质相联系。这些论述和理论方式似可对此做出参释。

程中逐渐生成。那种以为教育知识的内容随着形式的完成而凝固的观点，正是"孤立—封闭"分析框架下的理论产物。教育知识的形式与内容的耦合中有哪些需要探讨的论题呢？

其一，"形式"与"内容"的耦合离不开"人"的因素，教育知识不会离开教育学者的运思和筹划而自动产生。如何判断教育学者的身份？是否只要提出教育观点就能获得教育学者身份？根据"间际—开放"框架，个体化教育观点并不能算作教育知识，一般常人也能对教育现象发表见解产生教育观点。只有当教育观点超出"个体"状态，作为教育交流的内容，成为社会共同使用的教育观念，才逐渐走向教育知识。教育学者是教育知识的"生产主体"，而不是教育观点的"发生主体"。作为"生产主体"的教育学者不但要产生教育观点，还需要对教育观点的"社会化"积极谋划。

其二，"形式"与"内容"的耦合离不开一定的中介，此即"教育问题"。"教育问题"是学界讨论得比较多的论题，人们几乎常识性地认为，教育问题是教育知识生产的直接对象，其解答不断推动着教育学的发展。然而，教育问题的解答到底如何产生教育知识，促进教育学的发展？似乎还很少有人分析清楚。我们认为，教育问题与教育知识存在着如下关系，首先，教育问题是教育知识的形式与内容的中介，教育问题既具有教育知识形式的要素，也具有教育知识内容要素；其次，教育问题的解答过程与教育知识的生产过程一致，教育知识的生产正是通过教育问题的解答进行的。

其三，"形式"与"内容"的耦合需要一定的背景知识。背景知识是教育学者在知识生产时默认的，不作反思的共享知识，是教育学者进行知识生产的必要条件，缺乏背景知识无法进行知识生产，更无法进行教育交流。根据"间际—开放"框架，不存在永恒的背景知识，任何背景知识都不可能永远处于不被反思的地位。随着社会生活形式的整体变化，背景知识也随之更替。教育学者从经典的教育学教材中获得背景知识，经典教育学教材大多由教育学术群体完成筛选，背景知识在教育学者与教育学术群体的互动形成。

其四，"形式"与"内容"的耦合过程。由于教育问题与教育知识既相区别又相关联，故可通过问题解答过程来理解知识耦合过程。教育问题的解答大致包括问题阐释、解题论证与命题验证三个环节，与此相应，教育知识的耦合也可分为教育观点的创新、理论空间的生成与意义空间的建构三个阶段。

第三章　教育知识的形式分析

作为结构化要素，教育知识的形式包括表层形式与深层形式，其中，"表层形式"指教育知识的概念与命题系统。教育概念的内涵在教育主体的使用中逐渐沉淀，教育命题的类型可根据交流主体与意图的不同来划分。任何将教育知识表层形式固定化的努力都难以避免在历史概念与现时实践之间作生硬与错乱的配置。表层形式的生产是一个由教育观点与观念论证引发的"双重社会化"过程，生产的实现从根本上有赖于深层形式的形成。"深层形式"指教育知识的组织规则，是教育知识生产有效性的判准，形成于社会生活形式的深刻影响。不同社会形态蕴含着不同的社会生活形式，教育知识深层形式的演进表现为随着社会生活形式的更替而不断转换的历程。

一　教育概念的社会之根

教育概念是教育主体在使用和交流中逐渐确立的。教育概念的形成、概念内涵的演变与社会发展相适应，社会是教育概念的存在之根，概念含义的纷争不宜着眼于形上分析。

（一）教育概念的引进与内涵的争端
以往对教育概念的解读，多借鉴哲学本体论假设，得出教育概念来源于实践的结论。人们往往觉得这个结论是唯物主义的、不容置疑的，加之，传统研究惯于对教育概念作静态理解，为探索教育概念的可靠性含义，以现在的教育概念去剪裁以往的实践，在一种纯粹学术想象中炮制出教育概念来。由此传统研究给人一种信念：从古至今，教育具有一以贯之的内涵（实质），只不过各时期教育现象的繁简程度稍有差别罢了。于是，学界开始追踪"教育"的起源、辨析"教育"的本质，似乎教育的现实发展不过是"起源"与"本质"的逻辑演绎，只要析清了"起源"与"本质"就可以解决现实的教育问题。然而，从"间际—开放"框架分析，教育概念形成于教育主体的不断使用过程中，决定教育概念内涵的是当代和未来社会状态，因此以"历史想象"为基础的形而上学分析应当被认真反思。以"教育"概念的引进及内涵争端为例可管窥一斑。

"教育"是一个当代性的概念。翻检历史文献可知，1901年罗振玉创办了中国最早的教育专业杂志——《教育世界》，同年，王国维译介第一本完整的教育学（日本立花铣三郎讲述）著作，连载于《教育世界》。从此"教育"概念才开始在我国流行开来。1901年以前使用的完全是另外一套概念①。例如，现在的"教师"对应此前的"教习"，"学校"对应此前的"学堂"。我国古代根本没有使用过"教育"概念，即使出现过"教育"二字，也是"教"与"育"两个单字词的组合，与现代的"教育"概念具有不同的所指。现代"教育"概念的出现源于近代受西学影响产生的学制改革事件。改革后的教育现象与我国传统教育相比，在学制、课程、考

---

① 查阅陈学恂主编的《中国近代教育文选》（人民教育出版社，2001年版），可知在1901年之前的文章，都没有出现过"教育"概念。以"教育"概念命名的文章，例如容闳《予之教育计划》（1906），梁启超《教育政策私议》（1902），严复《与〈外交报〉主人论教育书》（1902），张謇《论严格教育旨趣书》（1912），蔡元培《对于教育方针之意见》（1912），《新教育与旧教育之歧点》（1918），汤化龙《上大总统言教育书》（1914），黄炎培《学校教育采用实用主义之商榷》（1913），《中华职业教育社宣言书》（1917），陈独秀《今日之教育方针》（1915），这些文章的出现都在1901年以后。

查等方面都是全新的内容，以往的一套教育概念面对已经变化的教育生活显得不合时宜了，恰逢此时，从日本译来的一套教育概念应时所需，便很快被接受并流传开来。

"教育"概念的出处。自王国维从日本译来第一本教育学后，以往的本土性概念基本上被遗弃殆尽。我国现代教育概念体系主要是借用西方术语建构起来的（日本的现代教育体系也源自西方）。"教育"也是近代日本向西方文化借来的概念，是我国学者自日本引进的一个"原语汉字借词"①。"教育"概念的出处在于日本学界对西语"education"的解读。由于日本学界的解读是借助汉语进行的，这就使我国学者产生了一种幻象，似乎"教育"概念我国自古就有，于是大家纷纷"翻箱倒柜"去寻找故说。然而，日本人移用汉语就"必然要与汉语原意发生某种程序的分离"②③，因此虽然是同一个词，但含义已经不能作想当然的推定了。

"教育"概念的研究和争论。我国学界向来注重对"教育"概念内涵的分析，相关的学术争论时有发生。然而"教育"概念的追索本源、求诸语义的探索真的是必要的吗？下面这段文字或许对此题的解答会有所启发。

> 关于中国古代是否有"资本主义"的萌芽问题，史学界数十年间争论不休。但争来争去，实质都是概念之争，分歧在对"资本主义"这一概念的理解上。同样的历史事实，有人认为能说明"资本主义"的萌芽，有人则认为不能。是否有"资本主义"萌芽之争，也就归结为什么是"资本主义"之争，而"资本"和"主义"这两个词都是日本生造的，用"资本

---

① 侯怀银、张小丽：《论"教育学"概念在中国的早期形成》，《教育研究》2013年第11期。

② 王彬彬：《隔在中西之间的日本——现代汉语中的日语"外来语"问题》，《上海文学》1998年第8期。

③ 之所以会发生这种"分离"，我们以为其原因在于社会环境的变化所致。

主义"来译西文的"capitalism",也是日本人所为。倘若"capitalism"被译成为另一个汉语词,这场争议是否还会发生?即使发生了,是否在表现方式上也会有所不同?①

仿照上面的思路,可以提出类似的问题:如果当初翻译者使用了其他词语来表达"education",那么是否还存在着关于"教育"概念含义的争论?如果存在,是否在表现方式上会有所不同?举个例子,如果当初的翻译者使用音译,那么现在的"语义"式的探讨是否还会发生?

上述现象不独发生在"教育"概念,其他概念大都可仿此类推。这种情况说明什么呢?我们认为,教育概念的发展不是"一脉相承",而是在横向社会背景的影响下,"断层式"地错落有致地叠合式发展的。社会是教育概念存在的根基,透过教育概念内涵变更状况的考察更能明晰。

(二) 教育概念的内涵变更与社会发展

从社会发展角度思考教育的"内涵变更"是一个非常大的课题,如此宏大的题目足可被人以"大而无当"为名加以指责。然而,如果不求决定性地解决这个题目,而只发一孔之见,记述自己的学习和研究心得以求贤人批评指正,则或许是无可厚非的。

用比较的方法似能更清晰地展示这个问题。比较中西古代社会变化状态与教育概念的内涵变更状态,看两者是否存在"共变"关系。关于中国古代社会的特点,下面这段文字作了较好的概括:

> 中国封建社会的长期停滞,是一个惊人的然而却是众所周知的历史现象。两千年漫长的岁月,中国封建社会的发展极为

---

① 王彬彬:《隔在中西之间的日本——现代汉语中的日语"外来语"问题》,《上海文学》1998 年第 8 期。

缓慢，以至十九世纪中叶西方的鸦片和炮舰打开中国大门时，中国社会的经济、政治、文化各领域中的资本主义因素仍然微乎其微，没有形成建立新的社会形态的力量。停滞性是中国封建社会的一个重要特征。[①]

这段话简明地概括了中国古代社会的静态、停滞的特点，当然这种"静态"也不是一潭死水似的。据研究，中国古代社会的"停滞"是富有周期性震荡的规律性变化显示出来的"超稳定性"系统。关于西方古代社会状态的研究，再看看下面的表述：

解体是不是衰落的必要的和无可改变的继续？古代埃及和远东历史证明还有另一条出路，那就是僵化。古代希腊文明几乎遭到了这个命运，我们自己的文明也可能遭受这个命运。解体的最突出的特征就是社会体分裂为三块：少数统治者、内部无产者和外部无产者。[②]

解体的过程并不是一成不变的，而是不断交替地出现动乱和集合……在一般情况下，在混乱时期是一次集合之后出现一次动乱，而在同一国家时期是一次动乱之后出现一次集合，因此正常的节奏好像就是动乱—集合—动乱—集合—动乱—集合—动乱：三拍半。[③]

通过上面的简单对比，不难发现，中国古代封建社会的特点是"停滞"，而西方社会则处于不断地"动乱—集合"的解体过程中，

[①] 金观涛、刘青峰：《中国历史上封建社会的结构：一个超稳定系统》，《贵州师范大学学报》（社会科学版）1980年第1期。
[②] ［英］汤因比：《历史研究》（中册），上海人民出版社1966年版，第406页。
[③] 同上。

每进行一次分解，社会形式就会发生巨大变化①。

以上是对中国古代封建社会和西方社会的一个粗略对比。下面看看，两个历史空间下的教育概念在含义变化上的差异。

我国古代的教育类概念，以"学"和"教"为基本范畴，在数千年的历史发展过程中，这两个基本范畴没有发生改变。《学记》中关于"学"的含义，从先秦的孔、孟到秦汉的董仲舒、王充，从唐宋的韩愈、朱熹到明清的王守仁、黄宗羲，甚至到近代的康有为、梁启超，其含义是十分稳定的，很难说它们的意义发生过什么实质性的变化。从学制上看也是基本如此，翻检中国教育史著作，我国从商代就开始论述"大学""小学"，但这种体制结构直到明清时期也不曾发生过变动。社会的"长期停滞"使教育概念具有相当强的"一贯性"，甚至直到近代社会已发生天翻地覆的改变之时，梁启超还认为：

> 古之教学者，不可得见矣，顾其为道，散见于七十子后学所记者，若《曲礼》，若《少仪》，若《保傅》，若《学记》，若《文王世子》，若《弟子职》，何其详也！②
>
> 《记》曰："少成若性。"谓其耳目未杂，习气未入，质地莹洁，受教易易也。故《曲礼》、《少仪》、《弟子职》等篇，谨其洒扫应对，导以忠信笃敬，大抵熏陶其德性之事，十居八九焉。③

寥寥数语可以看出梁启超对我国古代教育知识的笃信。他曾指出，中国古代的教育知识《学记》《弟子职》等书已对教学之道有

---

① 金观涛、唐若昕：《西方社会结构的演变——从古罗马到英国资产阶级革命》，四川人民出版社 1985 年版，第 230—231 页。

② 梁启超：《饮冰室文集点校》，云南教育出版社 2001 年版，第 47 页。

③ 同上书，第 56 页。

所认识，只是近世尽失古意①。

西方教育知识史中概念含义的变换比较频繁。从柏拉图到现代教育思想家杜威，"教育"的含义几经变异，已远非源头所能容括得了。例如，早期从苏格拉底到亚里士多德形成了以"对话"为含义的教育概念；到希腊化时代社会发生巨变，教育的含义从"对话"演变成"讲授"；近代夸美纽斯《大教学论》提高了"讲授"的效率，班级授课制成为教育含义的主要因素；卢梭（Jean-Jacques Rousseau）反对以"讲授"为含义的教育概念，提出"自然教育"的概念，主张实施"消极教育"……这是一个可以继续列下去的教育内涵变更清单。但或许更能反映教育概念变化的是教育的外延（教育制度）的变更，近代西方学制的变化更是显著，中世纪时期的人文中学、文艺复兴时期的近代大学、19 世纪的职业学校等。可以说，西方社会每个时期教育概念都不同程度地发展和变化着。

以上论证似可得出，处于长期停滞的中国古代封建社会，教育概念的内涵较少发生变化，基本上从古至今"一仍其旧"；而处在不断"解体"的西方社会，教育概念的内涵是极不稳定的，不论从教育思想家笔下的教育概念或实际的教育体制，都不断变化。教育概念的变化速率与社会发展的动态程度密切相关。不同时代的教育概念有不同的内涵，实施着不同的教育建构，但无论是内涵的理解和外延的建构都只能存在于社会所提供的可能之中。随着社会的发展，教育概念的"能指"系统虽然表现出很大稳定性，但是其"所指"则是动态变化的。教育的内涵嵌在社会生活形态中。

（三）教育概念的创造与社会状态

根据教育概念与社会的关系的基本结论，简略评论我国当下新

———————————

① 孙培青：《中国教育史》，华东师范大学出版社 2000 年版，第 338 页。

课程改革过程中出现的教育概念问题或许不无意义。

讨论新课程改革的问题的文章很多，一种较普遍看法认为，此次新课程改革是教育理论界进行了一次"造词运动"。新的理论术语一拥而至，让人目不暇接。对此现象的一种民间性意见来自网络上广为流传的"新课程民谣"：

> 新课程，新形势，换汤换药换瓶子，先得界定关键词。学生叫主体，背诵叫识记，讨论叫互动，引导叫诱思。要解构，多反思，教具要用多媒体，话筒要叫互动器。理想叫理念，劳动叫实践，活动靠体验，素质是关键。少应试，多训练，考核要动态，评价要多元。发展要全面，特长要明显，办学要特色，改革要亮点。头抢地，口呼天，学生呱呱叫，教师团团转。①

作为学术研究，极尽调侃之能事的"民谣"或许不足征信，那么，再看看学术期刊上的文章。有论者将新课程改革所造的新词进行了"另类"的归纳：

> 延伸于政治术语。比如"发展是硬道理"被延伸为"教育发展也是硬道理"；"提高人的素质"被延伸为"素质教育"；"创新"被延伸为"创新教育"；"市场经济"被延伸为"教育市场"等等。
>
> 搬弄异国辞藻。比如"愉快教育"、"主体教育"、"全纳教育"、"和谐教育"、"生命教育"、"教育生态"、"习得性无助"、"探究教学"、"研究性学习"、"建构""架构"等等。
>
> 自造新词儿。比如"普九"、"扫盲"、"三教统筹"、"扩

---

① http：//bbs. eduol. cn/dispost. asp？boardid = 18&postid = 91810，2008 - 10 - 08.

招"、"德育为首"、"管理育人"、"绿色教育"、"一切为了人,为了人的一切"、"教为主导,学为主体"、"能力型教师"、"学者型教师"、"专家型教师"等等。

胡编乱造。比如,"没有教不好的学生,只有教不好的老师",也说得太绝对了。实践证明,就是有教不好的学生,也确实有教不好的老师。①

"分类"本身已经反映了教育者对新课程改革的意见,但从类别划分与命名可看出,其意见仍然是感性有余而理性不足。更为理性的教育学者对新课程改革有何评论呢?有论者对新课程改革核心理念进行一番评论后,对新课程改革的理论创造者提出了如下忠告。

要认真进行细致的调查和艰苦的研究,不可以信口说、信手写,甚至说一些、写一些我们自己还没有弄清楚的东西。要尊重和珍惜群众实践的首创精神和成果,尽可能用科学的理论加以提升和指导,万不可用一些含混模糊的提法或理论进行干扰和误导。要集思广益,善待不同的意见、特别是反对的意见,以促进思考,避免片面性。②

显然,从民众到教育者再到教育学者对新课改的"造词运动"相当一致地表达了否定性意见,不一致的只是理性化的程度而已。这里存在一个值得思考的问题。20世纪初,我国教育知识界开始迻译了大量西方教育著作,舶来的教育知识与我国的传统教育观念和教育实践的差距显著,因此那时的"造词运动"可能非当下新课

① 陈培瑞:《教育改革与造词运动》,《江西教育科研》2004年第10期。
② 王策三:《认真对待"轻视知识"的教育思潮——再评由"应试教育"向素质教育转轨提法的讨论》,《北京大学教育评论》2004年第3期。

程改革所能比拟。为何其时的实践者与理论者都具有无限的热情，对新的教育概念均表现出强烈的求知欲，而绝非像现在如此"不恭"？这种现象或许正说明了教育概念和社会生活状态之间的关系。20世纪初我国社会正经历从传统社会到现代社会的转型，人们对旧的教育概念"厌弃"的态度久矣。然而当代虽然也处于"转型"，但这种转型恐非社会形态的整体转变。当前社会比20世纪初要稳定得多，在这种稳定的社会生活中，理论研究者要求改革者"尊重和珍惜群众实践的首创精神和成果"；而在动荡的20世纪初教育知识界的态度则是"吾国教育尚在幼年时代，罕有窥斯界之真面者。与其为武断之议论，不如直译外籍，供人采择，尚不致贻误后来"①。由此可见，社会作为教育概念的存在基础，对教育概念的生产实施着本体性制约，教育概念的变更与社会发展状态存在着深层关联。

二　教育命题的类型与交流

"孤立—封闭"框架下，研究者惯于从逻辑上分析教育命题的类型，并对各类教育命题进行分类解读；"间际—开放"框架下，我们试图从命题主体的角度梳理教育命题的类型，分析教育命题的社会基础。

（一）教育命题的类型

已有关于教育命题类型的划分仅根据逻辑学成果类推②，很难为认识教育知识提供理论启发。颇具启发意义的是分析哲学家谢弗勒（Israel Scheffler）对"教育语言"的分类研究。国内有论者对谢弗勒的主要观点进行了较为简洁的概括，兹引录如下：

---

① 瞿葆奎：《教育学的探究》，人民教育出版社2004年版，第473页。
② 郭元祥：《教育逻辑学》，人民教育出版社2002年版，第104—108页。

　　按照谢弗勒的分析，教育语言主要由三种形式构成：教育术语、教育口号、教育隐喻。他认为，作为教育术语应有着较为清晰的涵义和明确的规定；而教育口号一般是非系统化的，在表述方式上也不严谨，由于它通俗易懂，常被人们不假思索地加以接受和传诵；与术语、口号相比，隐喻并不用标准或规定的方式来表达词语的意义，只是借助于对比、类似和相近来论述问题，它与口号一样，也没有标准的陈述形式，缺乏系统。[①]

　　谢弗勒的分析自有其学术意义和地位。然而学界对其直接引用过多，学术性分析较少。其实，谢弗勒的教育语言研究并非没有缺陷，其中最大的问题或许在于，他对"教育语言"的类型划分未先标明教育语言的范围。概念的划分只有在其外延具有明确范围时才是可能的，对一个未能确定边界的概念进行划分则很难使人信服。"教育语言"何其宽广！几乎无法确定其边界，很难判断谢弗勒的类型划分是否周延。不过，谢弗勒的教育语言类型论虽有不足，但其注重教育语言的交流功能的研究取向却值得重视。

　　教育命题的类型应当如何划分呢？我们认为，教育命题既表达了对教育事实的判断，同时也对改变教育事实提出了建议。比较教育命题的"判断"和"建议"功能，由于教育命题明显的实践指向，"建议"功能反而是教育命题的独特而重要的功能。分析教育命题的"建议"功能可得，"建议"的结构包括发出建议—响应建议—调整建议，"发出建议"是基础性的环节。"发出建议"是否能引发"建议"功能的其他环节，有赖于发出建议主体与响应主体之间的互动。教育命题是教育主体交流的中介和内容，不同教育主

---

① 郑金洲：《教育通论》，华东师范大学出版社 2000 年版，第 22 页。

体之间的交流使用不同类型的教育命题，教育命题类型似可通过对教育主体的划分来确立。

教育主体包括两大类：群体与个体。群体包括普通大众（以"常人"标识）、教育学术群体、教育决策群体、教育实践群体；个体可分为教育实践者和教育研究者，亦即"教育者"和"教育学者"。不同的教育命题满足不同主体之间的交流，从功能上可将教育命题分为如下类型。

第一，教育观点。教育观点是个体交流使用的教育命题，主要为教育学者进行知识生产和学术交流所用①。教育观点是知识生产性较强的一类教育命题。第二，教育意见。教育意见也是个体交流使用的教育命题，常为教育者用来解释和支持自己的教育行动。教育意见交流范围比较窄，存在状态不稳定。第三，教育观念。教育观念是教育学术群体常用的教育命题。教育学术群体运用教育观念对教育决策群体、常人以及教育实践群体产生重大影响。教育观念是功能最强的教育命题。第四，教育口号。教育口号主要是教育决策群体与教育实践群体使用的教育命题。教育口号往往被教育决策群体用来影响普通大众，影响常人做出教育选择。教育口号稳定性较差，常受到研究者的忽视。第五，教育常识。教育常识是普通大众用以实现教育生活的命题。教育常识稳定性较强，是其他所有命题在交流过程中沉淀下来的命题类型，在缺乏教育常识的社会环境中不可能有教育命题的交流。此外，有必要说明的是，各教育主体与命题之间的配对不是绝对的，任何绝对化的倾向既不必要也不符实。

比较五类命题，就各类命题的知识性来看，个体教育命题知识性较弱，可看成是未完成的教育知识；群体的教育命题的知识性较强，可看作是已（或正在）确证的教育知识；在某种程度上说，教育常识不具有知识性，但它却塑造了教育生活形式。就各种教育命题的

---

① 这里并非指其他主体没有教育观点，因为此处对教育命题的分析以"知识生产"为意向，而具有知识生产性的教育观点主要以教育学者为主。

交流形式来看，以教育观点与教育观念为内容的交流旨在进行知识生产，以教育观念与教育口号为内容的交流表现为群体之间的对话，以教育常识与教育意见为内容的交流在教育生活中影响甚微。结合上述分析，下文拟将教育交流分为生产性交流、群体性交流与边缘性交流。

（二）生产性交流：教育观点与教育观念

"学术研究最根本的就是交流"[①]。教育观点与教育观念是教育主体进行学术交流的重要工具。两类教育命题在教育交流中完成教育知识的生产，其性质和功能一定程度上决定了教育知识的性质和功能。

教育主体进行教育交流时，须以教育观点为中介，缺乏教育观点的交流便沦为一般性的人际交往。教育观点的重要特性表现为主体的角色附载性，不同的教育主体提出的教育观点具有不同效能，不同教育主体赋予同一教育观点不同的力量。以教育观点为中介的教育交流，交流主体首先需对交流对象进行角色和身份识别，并根据识别结果做出反应。如教育观点提出者具有很高的学术身份，其对象往往带着认同倾向进行思考、与之应合；如教育主体籍籍无名，其对象则易带着否定倾向进行批判思考；如教育主体是"局外人"，则其交流对象可能不会做任何回应，学术交流难以进行。个体教育主体运用教育观点与群体教育主体交流，情况与此相仿。例如，教育学者要将教育观点向学术期刊传达，学术期刊的第一反应往往是考察教育学者的学术身份和社会角色。又如，教育学者向某群体表达教育观点（如讲学、讲座），也会自觉预先对对象群体的学术水平、社会角色做出估计和识别。

教育观点的生命在于教育主体的交流使用。从产生并参与教育交流到退出教育交流的整个时段中，教育观点总是集中在某个时刻

---

① ［美］托尼·比彻、保罗·特洛勒尔：《学术部落及其领地：知识探索与学科文化》，北京大学出版社 2008 年版，第 110 页。

被多次使用，此后使用次数逐渐减少以至消失，表现出由兴盛到衰亡的类似生物体的生命特征。如果将教育观点从提出到消失视作其生命周期，那么，教育观点的生命周期中既有兴盛时段也有衰落时刻。兴盛的充要条件是不断被教育主体关注、重复使用，相反，一个日渐衰落的教育观点则被束之高阁不为主体使用。教育观点的生命周期的长度与社会的稳定程度密切相关。大致说来，社会越稳定教育观点的周期越长，反之亦然。例如，孔子的教育观点之所以能在我国两千多年的文明中一直保持兴盛状态，这与我国社会"超稳定系统"的特点分不开的。社会越稳定，教育观点的适应性越强，教育主体越不可能反思教育交流所使用的观点。

教育观念是走向间际论证的教育观点。严格来讲，教育观点和教育观念之间没有绝对的区分。当教育主体使用教育观点进行交流、交流对象对其做出反应，教育观点就开始向教育观念演变。教育观念是群体教育主体交流互动的知识结晶，是持久地为群体性教育主体，尤其是教育学术群体所持有的教育观点。区分兴盛时期的教育观点与教育观念，似可认为，兴盛时期的教育观点虽可一定程度上为群体使用，但仍是以个体教育主体的论证为基础的教育命题；真正的教育观念不仅表现为群体使用，更表现为群体论证，只有教育群体不断支持一个教育观点，并进一步做出论证，使其不断发展、丰富，这样的教育观点才能转变成教育观念。比较教育观念和教育观点，教育观点是教育观念的基础，没有教育观点就不可能出现教育观念；教育观念比教育观点更加稳定、可信，生命周期的长度远超出教育观点。

教育观念的社会论证不是一成不变的"重复说明"。教育观念的每次论证都是对观念本身的适当改变，论证者总会根据自己的社会境遇对教育观念进行"自以为是"的修正。因此教育观念的"稳定"不是绝对的不变，而是一种动态的稳定。古代的教育观念能被当今教育主体所使用，正是教育主体一边使用，一边根据其社会生活形式对之进行诠释的结果。教育观点是个人性的，由于个体往往不能准确把握社会需求，又不允许他人修改、"剪裁"，因此生命周期较短；教育观念是社会论证的结果，其社会适应性自然高于教育观点，具有较长的生命周期。

（三）群体性交流：教育观念与教育口号

群体交流不同于个体之间的交流。个体交流，从发出话题到交流再到结束话题，交流主体双方都是在场的（至少是"心理在场"）。近来，"现象学教育学"、"教育叙事"、质性研究等对此多有触及。群体之间的交流，主体难以在场形式参与互动，交流过程不明显，缺乏明显可感的研究对象。变换分析思路，任何交流都必须借助一定中介传递交流内容，从交流中介入手或可理清群体主体的不在场交流。

以"教育观念"为中介的群体交流。群体交流使用的教育命题是经过个体大量重复，从教育观点衍生而来的教育观念。一个教育群体要对另一群体产生影响，必须使用经群体论证，并高度重复使用的教育观念。这是因为教育观念比之于个体的教育观点有更大的可信性，群体使用可信性更强的教育观念才能有效地获取其他主体的信任[1]。一定程度上说，教育观念是教育群体之间相互交流的"通货"，各种类型的交流，都必须以教育观念为"中介"[2]。例如，教育学术群体通过教育观念与教育决策群体相互交流，教育决策群体对教育实践群体发出的指令皆以教育观念为支撑，教育实践群体只有通过教育观念才能对"指令"作出有效的理解。可见，教育群体的交流以"理解"为前提的，缺少对"教育观念"的理解能力

---

[1] 群体交流属于"不在场"交流，因此主体之间的"信任"发挥着异常重要的作用。缺乏信任往往导致交流的中断。

[2] "中介"指的是，一方面利用教育观念论证、支撑其他类型的命题，另一方面通过教育观念能更好地把握、理解其他类型的命题。

必定影响（甚至阻碍）教育交流的进行。

当前，教育群体交流的问题在于，教育实践群体难以参与知识生产性质的教育交流。教育实践群体凭着常识、根据具体情境进行教育实践，无须了解教育学者集体生产的教育观念；他们追逐的是教育的现实而非理念，缺乏理解教育观念的愿望和热情，由此造成了教育实践群体的集体性"失语"。近来，一些新的研究方法，例如行动研究帮助教育实践主体进行知识生产，教育叙事研究、质的研究、现象学的研究强调实践者个人经验的理论意义，对改善教育实践共同体的"失语"现象颇有助益。值得重视的是，教育实践群体打破"失语"并不意味着教育交流的产生，如果该群体在知识生产过程中自说自话，不理解教育学术共同体的教育观念，那么二者也难以进行真正的交流。出现这种现象，与教育学术群体无法为其所生产的教育观念提供可信性保障有关，实践群体若不相信教育观念的有效性，便不会主动学习、理解教育观念。

"教育口号"是群体交流所使用的另一中介。自谢弗勒将教育口号作为教育语言的一大类型，学界逐渐重视对教育口号的研究，并取得了颇为丰富的成果。综览已有研究，研究者过分强调教育口号"情绪化""明显的价值导向"等特性①，似乎教育口号只是一锅沸腾的情绪，完全是主观价值的体现。这种看法将教育口号与教育观念隔离开，否定了教育口号背后的观念基础。实际上任何教育口号都必须以教育观念作为支撑，例如"为了一切学生，为了学生一切，一切为了学生"这一教育口号有"人本主义"教育观念作为其支撑；又如，"教育必须为社会主义现代化建设服务"这一教育口号有"国家主义"教育观念作为其支撑。教育口号以教育观念为基础，为教育决策和实践群体提供行动的依据，是内在理性和外在感性的复合体。

---

① 郑金洲：《教育通论》，华东师范大学出版社2000年版，第25—27页。

由于教育群体之间的交往以"教育观念"为"通货",教育学术群体在交流中必然占据一定优势。虽然现实中教育知识不被重视,但若放眼整个教育发展史则不难发现,实践群体其实正是走在教育学术群体为他们铺好的观念之路上。

(四) 边缘性交流:教育意见与教育常识

何谓边缘性交流?要理解边缘性交流,先要明确此处的"教育交流"是以知识生产为指向的交流活动。边缘性交流指具有很强的弥散性,难以进入教育学者的研究视野的一种教育交流形式。这种交流相对于以教育观点、教育观念为中介的交流,其所生产的教育知识几可忽略。边缘性交流之所以只具有很微弱知识生产力,盖因其旨在为教育主体的实践提供支持,而不意生产教育知识。尽管如此,边缘性交流对于教育知识生产也并非没有意义。我们认为,边缘性交流虽然对于教育知识生产没有直接意义,对教育知识的增量性进步很难具有贡献,但却具有间接促进教育知识的增质性进步的功能。

教育意见和教育常识是教育主体之间进行的边缘性交流的命题类型。教育意见主要是教育者之间进行交流的教育命题,教育常识则是常人进行交流的教育命题。教育意见最显著特点是不稳定性,不同主体甚至相同主体在不同时间都会持有不同的教育意见。因此教育意见要发挥对教育知识的整体性更新的功能,必须突破偶然性,表现出鲜明的一致性,被大多数教育者所重复从而造成一种震荡性影响。例如,近代以来教育实践中产生对传统教育的反动,一系列新教育生活形式应运而生(新教育运动和进步教育运动),最终促使教育知识生产出现了增质性进步,产生了进步主义教育知识[1]。教育常识与教育意见颇为不同,其最大特点是具有很强的稳

---

[1]　戴本博、张法琨:《外国教育史》(下册),人民教育出版社2001年版,第46—59页。

定性，它是普通大众进行教育生活的前提，常常难以成为教育学者的反思对象。教育常识虽然具有较强的稳定性，但在频繁的日常交流中，也会不知不觉地发生变异，变异的完成最终促成教育生活形式的转变，为教育知识的增质性进步提供现实基础。

教育意见和常识之所以能间接促进教育知识的增质性进步，缘于它们将教育知识的增质性生产要素联系起来了。首先，教育意见和常识将社会生活形式与教育生活联系起来。教育意见和常识既带有社会生活的印迹，是教育者在一定社会背景下进行的无意识的教育思维，同时也是教育者在教育生活中感知社会生活而形成的教育命题类型。其次，教育意见和常识将教育学者与常人联系起来，促发了教育学者对社会生活形式和教育生活形式的感悟。在社会生活中教育观念与教育常识相遇，在教育生活中教育观念与教育意见相遇，它们不易察知的教育交流同样能促发教育学者进行知识创新。教育交流蕴含着知识生产的辩证法，一方面，教育意见和常识具有最弱的知识生产性，它们几乎难以促进教育知识的增量性进步；另一方面具有最弱知识生产性的教育意见和常识却能促使教育知识的增质性进步。当然，还应当看到，教育意见和常识仅仅只是间接促发教育知识的增质性进步，它们本身还不是教育知识增质性进步的充分条件与直接原因。

上述分析可知，教育交流内容丰富、类型多样。要尽析所有的教育命题所组成的知识样态，这是我们力所不逮的，我们主要关注的是以教育观点和教育观念为内容的教育学术交流。

（五）教育交流的知识论后果

对教育命题及其承担的交流类型的探讨似可表明，教育交流是教育命题的"生存"方式。教育交流的分析和揭示使教育知识凸显出如下三方面知识特性。

其一，教育知识的反思性。通过教育交流，教育知识一定程度改变了教育生活，教育生活的改变又促进教育知识的更新。这一事实的揭示使教育知识彰显出反思性特质。非反思教育知识观认为，教育知识与教育生活之间虽然具有某种关系，但这种关系大多是一种单向的关系，或者认为，教育知识指导（引导或影响等）教育生活，教育知识生产置身教育生活之外，始终超脱于教育生活；或者认为，教育知识来源于教育生活，受制于教育生活，教育知识只能随教育生活亦步亦趋。这种"孤立—封闭"框架的知识观认为，教育知识是知识主体孤立且一次性完成的作品。与之相对，"间际—开放"框架强调教育交流对教育知识的本体性意义，这种"意义"具体体现为，教育知识在教育交流中需要不断地自我调整，通过"自我调整"，教育知识既获得发展的内在动力，又形成了一种返身意识。教育学者须对教育知识保持必要的反思，缺乏反思和调整的静态的真理性教育知识只存在于理论想象之中。

其二，教育知识的动态性。教育知识的反思性促使教育知识不断自我调整和更新，据此，以往静态的教育知识观应当接受批判和扬弃。这种教育知识与教育生活相隔离，是"孤立—封闭"分析框架之下的理论产物，分析框架的变换自然导致教育知识理解方式的转换。值得注意的是，教育知识的动态性不是没有相对稳定形式的流变，而具有一定的限度。教育知识的动态性如何获得必要的克制？不若能够及时反馈的一般人际交往和对话，教育交流的反馈往往需要一定的时间，属于延时反馈。究其缘由，教育交流对教育知识和教育生活都会产生影响，但判断这种"影响"的不是个体，而是主体间际，是群体性主体。群体对教育交流的反馈需要一定的时间，只能做出延时的反馈。教育交流的延迟反馈是十分必要的，延迟的时间使教育知识获得了必要的稳定形式，否则教育知识将永远处于流动之中。教育知识形式的稳定是发展变化中的相对稳定。

其三，教育知识的诠释性。教育知识的反思性和动态性表明，不断地自我更新是其固有的本性。教育知识在自我更新的过程中如何处理以往的教育知识？如何面对自身的历史？既然教育知识随着教育生活形式的变化而变化，那么教育知识的发展是否可以完全抛弃教育知识传统？这是必须予以认真思考和回答的问题。可以肯定，教育知识的进步不可能抛弃自身的历史。究其缘由，教育主体缺乏对教育知识史的了解就难以实现有效的教育交流，至少难以实现富有知识生产意义的教育交流。教育知识的创新和传统之间须保持"必要的张力"。应当如何对待过去的教育知识呢？我们认为，教育主体应根据当今的社会生活形式对以往的教育知识进行诠释，使过去的教育知识能参与到当前的教育交流中来，为教育知识生产服务①。由此，教育知识的意义不是固定不变的，它在不同的社会生活形式下，不同的教育生活中折射出不同的意义，具有可诠释的特性。

三　表层形式的生产

教育知识表层形式的进步方式表现为增量性进步，增量性进步体现在教育知识生产过程中。我们拟从教育学者表述、发表教育知

---

① 教育知识的"诠释"不同于"以今解古"，区别至少反映在如下诸方面。其一，二者的理论意图有别。"诠释"是为拓宽、加深教育知识的意义内涵，增强教育知识的解释力，侧重于提升教育知识的学术品质；"以今解古"是以现有知识状态去剪裁过去的教育事实，侧重于对教育历史的臧否。其二，二者的工作方式有别。"诠释"力图立足于当下的社会生活形式激活过去的教育知识，使其附于当代教育知识的"边缘域"（［德］汉斯－格奥尔格·加达默尔：《真理与方法——哲学诠释学的基本特征》，上海译文出版社1999年版，第316页；又可参见张祥龙的"晕圈"概念，张祥龙：《朝向事情本身：现象学导论七讲》，团结出版社2003年版，第81—82页），从而改变教育知识与教育事实的单纯的对应性配置，扩大教育知识对"可能"的教育事实的言述空间；而"以今解古"则力图以当代知识去遮蔽过去的教育事实，是一种自我拆墙、自我抽空式的理论方式。其三，二者导致的结果不同。通过"诠释"，教育知识愈加丰厚，更富人文意蕴；通过"以今解古"则只能使教育知识愈加空洞，成为无甚底蕴的事实性描述的"科学知识"。此外，"诠释"是"间际—开放"分析框架下研究教育知识的方式，它不认为当代教育知识可以成为评判教育史的绝对标准，而主张两者相互融通和构成；"以今解古"则是"孤立—封闭"分析框架下研究教育知识的方式，它认为当代教育知识相对于教育知识史而言具有绝对的正确性，通过它就可以对教育史、以往教育知识做出裁决。

识的角度，探讨教育知识的构型及其增量过程。

（一）教育知识的表述结构

教育知识在教育主体的交流中产生，分析教育知识不能停留于从逻辑上作形上辨析。以往教育知识研究，或者根据哲学知识论、知识管理等领域的研究成果进一步演绎，或者根据一般常识推论教育知识的应然状态[①]。从具体研究课题看，诸如"教育知识的实在化""教育知识的管理""教育知识发展类型"等，多比附"教育理论与实践"研究成果，缺乏新意难以给人启发[②]。为避免已有研究泛泛而谈之弊，本书拟在教育知识的微观生成方面进行一些探讨，以期更加深入地理解教育知识。

研究教育知识的微观生成，应走进鲜活的教育命题的交流现场。教育命题的交流是教育主体之间以教育观点、教育意见、教育观念等为内容的交往活动，包括"文本形式"与"语音形式"的交流。"文本形式"的教育交流包括教育主体发表论文、出版专著、发布政策文本、教育规划等。要研究如此宽泛的教育交流现场是难以企及的，要在有限的时间内完成研究更是难以想象的，有必要对研究对象进行选择和限定。一种可作为研究对象的"现场"是"文本形式"的教育交流现场，一种最具可能的研究方案是选择教育学术交流现场作为研究对象。所谓"教育学术交流现场"，即教育学者发表教育观点的"知识文本"。然而，"发表形式"之于教育知识生成的重要性迄今仍未明了[③]，而且可能会有不同的观点，

[①] 参见"教育知识实在化"的研究，其研究过程其实就是在"教育理论与实践"成果来推论教育知识的应然状态。

[②] 雷云：《"教育知识"的探究——兴起、现状与研究取向的思考》，《东北师大学报》（哲学社会科学版）2009 年第 2 期。

[③] 所谓教育知识的"发表形式"，指符合学术行文规范，遵循一般的论证方式的知识文本。"发表形式"是学术界为方便教育交流而做出的必要限制，因此它本身体现了一种社会规范。

认为教育知识跟发表没有太多关系，很多知识即使没有发表也能影响个体的教育实践。我们提出"发表"是教育知识的社会形式化条件，理由在于，以知识生产为指向的教育交流，交流各方只有按照共同制定的形式表达自己的教育观点，并且交流对方也以这种形式做出反馈，教育知识生产才能获得保障并保持较高效率。这种"形式"即是"发表形式"。

教育知识的表述结构。发表形式的教育知识与不具发表形式的教育知识（简称"非发表形式"）有何区别？非发表形式的"教育知识"仅仅是教育观点的记述①，这种教育观点难以进入教育交流，不能算作教育知识。"发表形式"到底有何奇异之处能让教育观点向教育知识迈进？解析教育知识文本发现，"发表形式"有其独特的知识表述结构，此即"观点确立—观念论证"。发表形式的教育知识，有一个由教育主体确立的教育观点，这个教育观点是个人性的，具有较强的信念色彩。紧随教育观点之后是大量的教育观念对其进行论证。一般而言，发表形式的教育知识由一个"教育观点"和多个教育观念构成，形成一个教育观点与一组教育观念的"众星捧月"的教育知识构型。教育观念是教育学术群体的教育命题，教育学者将这些教育观念集合起来论证其教育观点，其目的即努力使个体的教育观点社会化。如此，这个看似平淡无奇的发表结构所蕴含的生产秘密——运用社会性观念论证个体性教育观点——就被揭开了，理解教育知识的表层形式生产也应着眼于分析"观点确立—观念论证"结构。

（二）教育观点的论证邀请

以上对教育知识的表述结构进行了初步分析，进一步分析这一表述结构有助于明确教育知识的生产过程。此处先探讨"观点确立"对教育知识生产的意义，"观念论证"对知识生产的意义随后分析。

---

① 严格来说，这样的教育观点不能算作教育知识，故此处加引号。

　　教育观点对于教育知识生产具有重大意义，集中反映了其创造性水平，是教育知识的精华所在。通常人们评论发表形式的教育知识，主要看其中是否具有个人的教育观点，教育观点的质量和水平怎样。正因为教育观点具有如此重要的意义，研究者往往在论文、论著的标题中直接将最核心的教育观点标示出来，于是，文章的标题就成为透视教育知识水平的窗口。有论者指出，标题是一篇教育学文章的"魂灵"（吴康宁语），这句话是不无道理的。从某种意义上说，一篇教育学文章就是围绕标题而进行的知识确证。例如，《教育现代化与终极关怀》一文，论者从"终极关怀是教育现代化的最高目的""满足人的高层需要和终极关怀是一个历史过程"等方面深入论述了教育现代化与终极关怀的深层关联[①]。标题对于一篇教育学文章而言具有举足轻重的意义，其意义不仅体现在它负载了增量性的教育知识，而且在于它启动了教育知识的社会化论证过程。

　　标题是教育学者向社会发出的一帖论证邀请。前已述及，个体教育主体的教育知识是一种未完成的教育知识，教育观点要成为教育知识就需要将论证由个体导向社会。"标题"在教育观点从个体论证转向社会论证的过程中发挥着重要作用，一方面它统领着教育学者所有的教育观点，另一方面又向其他关注此题的教育学者发出论证邀请。标题如何成为一种论证邀请？由于教育命题本身蕴含着对实践的"建议"，标题表述的教育观点很容易引起其他教育学者的关注[②]。教育学者总会对标题做出某种反应，或认同而不参与论述，或反对而不辩驳，或直接撰文进一步论证或反驳。经过长期自由的学术交流，富有生产力的标题将逐渐拓宽为一个研究领域，它

────────────

　　① 　王逢贤：《优教与忧思》，人民教育出版社 2004 年版，第 173—185 页。
　　② 　有必要指出，时至今日，教育学领域十分广泛，教育学者不可能对任何领域的教育观点都加以关注，但即便是教育学者有意无意地"忽略"某一教育观点也不能否定其参与社会论证。因为教育知识文本完全可能通过作用知识社会而间接影响"不甚相关者"，使其不自觉地参与社会论证过程。

将具有共同学术兴趣的研究者集聚成教育学术群体，教育学术群体正是长期的学术交流过程中自发集结而成。众多人的社会论证使教育观点逐渐向成熟的教育知识演进。

教育观点的水平和质量的评判。教育观点是研究者体悟教育生活而得出的思想结晶，是评价研究水平和质量的标杆。那么，教育观点的水平和质量该如何评判？上文提出"标题"是对教育知识的社会论证的邀请，推而开来，所有教育观点都具有向社会论证发出"邀请"的性质。这种"邀请"可以理解为教育观点对研究者的理论启发，能够激发研究者共同参与教育知识生产的热情；也可理解为教育观点为实践者勾勒了一幅新的图景，能够点燃教育者按照教育观点实施教育改革的愿望。教育观点的水平和质量主要体现在它向社会论证发出"邀请"的力度。例如，《教育学的迷惘与迷惘的教育学》（陈桂生：《华东师范大学学报》（教育科学版）1989 年第 3 期）一文邀请教育学者反思教育学的学科发展问题，开教育学元研究风气之先，掀起了 20 世纪末我国教育学的学科反思热潮；又如，《现代教育先行论再探》（王逢贤：《东北师大学报》（教育版）1986 年第 3 期）一文通过旁征博引使"教育先行"成为一面鲜明的旗帜，成功号召教育决策者制定政策法规加大教育投入，促进我国教育事业的快速发展。

教育观点是教育学者向社会发出的论证"邀请"①，邀请的对象是整个教育交流的主体，包括教育学者、教育者、教育决策者，甚至一般常人，邀请教育主体对其进行深入的理论与实践论证。通过社会论证，教育观点才从未完成的知识状态进入成熟的知识状态。

---

① 值得注意的是，教育观点要实现对知识社会的生产"邀请"，便不能无视文本所做的艰苦的分析论证，否则，教育知识主体就只是在空喊"学术口号"而不事主业，教育知识生产就会沦为投机取巧、哗众取宠的行为。只不过在教育知识表层形式的生产中，论证越深入，教育观点的意义越突出，论证过程却越易被遗忘，最终发挥召集功能的往往是教育观点而非具体的论证。

（三） 教育观念的论证本质

教育知识生产即教育观点邀请知识主体参与社会论证。社会论证表现为个体的教育观点与群体的教育观念之间建立本质性关联，分析这种关联便可揭示社会论证的奥秘。

在教育知识中，教育观点与教育观念是一种论证关系①。教育学者引用的教育观念当然不是为了徒增文章篇幅，严肃的教育学者都强烈地信守"奥卡姆剃刀"的经济性、简约性原则。教育观念的引用必定与教育观点的确立相联系，并且二者构成严格的论证关系。教育学者的观点需要借助观念才能确立，教育观念是教育观点的一种确立基础。一旦教育学者对教育观念的引用游离了这种论证关系，所引用的教育观念就难以发挥论证的功能，教育观点就立即被孤立和悬置起来，不能获得其他教育主体的信服。

然而，停留于以上的一般性结论，将流于表面和肤浅的认识。要深入认识教育观点和教育观念之间的关系，还应分析"知识的论证"的含义。

一般来说，"论证"包括观察论证和理论论证。所谓"观察论证"，指论证证据是不为某个人所专属，其他认识主体也可以把握的可感材料。证据的"可感性"使确证过程具有一种可重复性、很少受到情境因素的影响②。例如，伽利略在斜塔上通过观察两个铁球的同时落地论证了自己的加速度理论；爱丁顿对光线趋近太阳时发生偏移的观察论证了爱因斯坦的相对论。所谓"理论

---

① 当然这里还包括教育口号与教育观点之间的关系。在教育知识的建构过程当中，也有少数的研究者运用"教育口号"对教育观点进行确证。然而，翻检文献不难发现，运用"教育口号"进行论证者毕竟占少数，而且凡是运用教育口号进行论证的研究者一般不是教育学者。本书主要致力于对教育学者知识生产进行探讨，所以对教育口号和观点之间的关系留待他日考察。但这并不是说这两者没有关系。

② 当代的科学哲学通过观察的"理论负载"否定了观察性确证的"客观性"，"理论负载"发展了一种典型唯心论，科学知识社会学对此进行了批评。（［英］巴里·巴恩斯等：《科学知识：一种社会学的分析》，南京大学出版社2004年版，第19页）

确证"，指把已被公认的理论作为证据的论证。理论论证是人文社会科学普遍使用的确证方式。透过两种知识确证方式可发现，"论证"的本质就是消除知识的私人性质，增进社会性质。教育观念对教育观点的论证属于理论性论证。论证的原理，即利用群体所确认的教育观念支撑个体性教育观点，并通过"支撑"将教育观念的社会属性传递给教育观点，实现个体性教育观点的社会化。教育知识的论证即努力超越教育观点的私人性质，使其变成一种社会观念。

教育观念论证对于教育知识生产具有如下三方面意义。其一，过滤不着边际的理论假设。由于观念已为知识社会所确认，纯粹个体性的、无谓的理论设想难以与其联结，这就避免了盲目的理论想象。其二，传递观念的可信性。观念因获得知识社会的确认而具有可信性，论证的关键就是将观念的可信性传递给教育观点，使其获得知识社会的信任，最终完成知识生产①。其三，促进教育观点的现实化。已实现社会化的观念为教育观点的现实化提示了可能的路径，按照这一路径，教育观点所造成的实践样式更易获得社会认同。

教育知识社会论证的阶段。教育知识的社会化是一个循环不止的过程，从中截取一个断面可分析社会化过程的一个"循环节"。在教育知识社会论证的过程中，首先需要教育学者在一定社会生活形式下产生教育观点，并力图运用已经"社会化"的教育观念予以支撑，帮助个体化的教育观点参与教育交流，走向主体间际。教育观点若能参与教育交流，教育知识的社会论证则顺利进入第二阶段。在这一阶段中，教育观点接受群体教育主体从理论到实践的联合论证，教育观点在论证过程中逐渐演变成教育观念，并对教育知识体系和实践活动产生影响，社会论证进入第

---

① 马凤岐：《教育学的论证问题》，《教育研究》2016 年第 1 期。

三阶段。在此阶段，教育学者须根据知识效应调整和更新教育知识①，调整、更新后的教育知识又将积极参与教育交流，进入新一轮社会论证。

教育学者在教育知识的社会论证中具有重要作用。首先，由于教育观点具有"身份负载"性质，教育学者本身的社会和学术身份为教育观点的社会化起着有力的促进作用。教育学者的社会身份有利于促进教育知识社会化，同时教育知识社会化程度越高知识主体的教育学者身份就越巩固。其次，教育观点的社会论证需要个体的谋划与运筹。教育学者的职责不仅在于表述和论证教育观点，而且要对自己的教育观点"负责"，筹划如何通过教育交流向知识社会推广教育观点。最后，教育观点的社会论证需要个体不断监测教育知识和对象的适切性，反思教育知识的确当性。社会论证导致了教育观点的动态性，也加快了教育生活的变化速度，因此二者常处于错位状态，这就需要教育学者对教育知识与对象的切合度进行监测，时常对教育知识保持反思状态。

（四）表层形式生产与教育知识的进步方向

根据前述分析可知，教育知识"表层形式"生产过程是一个动态的"双重社会化"过程。一重社会化是由教育观点的"邀请"而产生的个体论证向社会论证的转化，这重社会化可称为"外在社会化"，其要旨在于将知识论证的任务向他人传递；另一重社会化是由观念的论证而产生的教育观点的社会化过程，这重社会化可称为"内在社会化"，其要旨在于将观念的社会属性向教育观点传递。"双重社会化"在教育知识生产中的作用各有不同。一方面，选取的观念越丰富、可信，教育观点的社会化就越

---

① 值得注意的是，这里的"调整"与"更新"不是传统意义上对知识表述的精致化，教育知识在第二阶段的社会论证中一定程度改变了知识对象，因此需要对教育观点作切实的调整，有时甚至是全面的更新。

容易，因此，提高"内在社会化"的程度可缩短生产周期、提高生产效率。另一方面，教育观点邀请的教育知识主体越多，就越能避免偏差和讹误，因此，提高外在社会化的程度可提高知识生产的有效性。

从表层形式生产考察教育知识的进步方向，而不论及具体知识内容的发展和更替，似可认为，教育知识的进步首先表现为教育观点社会化速率的加快。一门学科形成的早期阶段，人们要进行大量盲目的探索，知识生产效率十分低下，此即学科范式还没有建立起来时的情形①。当知识发展至成熟时，生产遵循一定的研究范式，各种研究规则和程序的运用必然促使知识生产速率的提高。以自然科学为例，自然科学在科学规范的指导下，发表形式的科学观点很容易获得科学社会承认，并很快转化为科学观念，成为科学知识②。以此观照教育知识生产可知，我们似乎还未形成固定有效的知识生产范式，由于"科学—实证""逻辑—分析""经验—叙事"等诸种范式并存，教育观点的社会化方向各异，知识生产判准不一。为此，探寻适恰的教育知识组织规则，加快教育观点的社会化速率，或能有效地促进教育知识的进步。

其次，教育知识进步也表现为教育观念社会化水平的提升。教育观念是教育学者论证教育观点的主要证据，其社会性越强确证度就越高。以此观照教育知识的状态可知，当下教育观念的社会化程度并不高，仅在教育学术群体之间流通，甚至各学术群体间共有的教育观念都还很少。由于教育观念的社会化程度不高，教育知识在寻求教育观点的证据时，往往向其他社会化程度较高的学科借用其他观念。这就促使教育知识越来越依附其他学科，

---

① ［美］托马斯·库恩：《科学革命的结构》，北京大学出版社 2003 年版，第 12—15 页。

② 这里用自然科学范式作比较，虽然自然科学和教育学各有其独特性质，但两者在科学知识的生成和成熟状态上有一定的可比性，并且具有一定的借鉴意义。

如此生产出来的必然是一种"我言他思"，甚至"他言他思"的教育知识①，这样的教育知识怎能获得学术地位？怎能不受学界轻视？据此，教育知识的进步方向便是增强教育观念的社会化，可以设想，当教育观念的社会化达到一定程度后，其他学科在知识论证时，将会不自觉地引用教育观念，此时教育知识的学术性就不容半点怀疑了。

最后，教育知识的进步还表现为教育观念凝聚力的增强。教育知识的凝聚力体现在教育观念之间的联系的密切程度。一门学科不成熟状态的一个很大特点即是，学科知识之间的联系很松散，各种学科观念之间不能互相确证。成熟学科则表现出另一种气象，在这样的学科知识中，各领域知识相互联系，通常根据很少几个联系原则，就能推导出所有的学科知识。典型的学科如数学、几何学等。因此，教育知识进步的重要表现是教育观念之间联系增强，教育知识论证更多的是在教育观念之间完成，更少借助其他学科的知识观念。以此进步样态检验当前教育知识，当前教育观念尚处于一种离散状态，知识论证大量借鉴其他学科的观念，教育观念之间本质关联、相互确证的现象还不多见。这样的知识很难具有理论力量、给人启发，更难激发人们积极投入教育生活，改造教育生活。

教育知识的增量性进步是教育概念和教育命题的社会化运动的结果，这是对教育知识的形式分析之后得出的结论。除了增量性进步，教育知识还存在着质性的跃迁，质性跃迁是社会生活形式的变换推动教育知识深层形式演进的结果。

---

① 吴康宁：《关于"思想"的若干问题：一种社会学分析》，《教育理论与实践》2005 年第 12 期。

四　深层形式的演进

教育观点与观念的联结是表层形式生产的关键环节①。当然，只有符合知识生产规则的联结才能发挥教育观点的感召性、传递观念的可信性，最终实现知识生产。追问教育命题之间的联结规则便触及教育知识的深层形式。如果说教育知识的表层形式富于变化，深层形式则显得相当稳定，以至于只有以社会时代为考察尺度才能获识其历时形态。由于教育知识深层形式的理路未明，历时考察前宜简述其理论意蕴与分析路径。

（一）深层形式的理论意蕴与分析路径

理解深层形式可从库恩"范式"（paradigm）理论、福柯"知识型"（episteme）理论以及索罗金知识社会学中获得启发。

先看"范式"理论。在库恩看来，"范式"既是一种全新的理论框架，包括构成某一学术群体的研究基础、研究范围、概念体系、核心理论等，又表征学术共同体的学术平台；既表示一种新颖的方法论系统，又表征一种学术形象和传统。在"范式"庞杂的内涵中最具启发的是，"范式"的形成与整个社会心理紧密相关，这一观点促进了对科学知识作社会学研究，也为我们理解深层形式与

---

① 根据前文分析，教育知识表层形式生产需要具有感召力的教育观点、社会化程度较高的教育观念以及两者具有生产性的联结方式。比较而言，联结的"生产性"是教育观点与观念释放生产能量的前提，分析表层形式生产何以可能就需要深入反思"生产性"从何而来，追问教育观点与观念的"联结"为何具有"生产性"。至此，我们的思考便触及教育知识的深层形式。深层形式是教育知识的组织规则，它规定了教育知识表层形式生产中教育命题的联结方式，并与社会生活形式有着本质性关系。根据知识社会学，社会生活"不仅与思想（知识）的生产有关，也深入到思想（知识）的形式……之中"（［德］卡尔·曼海姆：《意识形态与乌托邦》，商务印书馆2000年版，第272页），凝成一种稳定的"深层形式"。因此，教育观点与观念的"联结"只有符合深层形式才具有"生产性"，深层形式的缺位将使教育命题的联结失去知识生产意义。由此可见，要透彻解答教育知识表层形式的生产何以可能，还需进一步探讨其深层形式。

社会的关联提供了理论基础。

在福柯的著作中，知识型并不是某一具体知识类型或理智类型。它超越不同学科和不同思想形式之间的界限，构成了不同学科和思想的背景，是各种学科知识领域共同具有的一种深层的思想背景。福柯在《知识考古学》中阐述道：

> 知识型可以被看作类似于世界观一类的东西。它是整个科学史的一部分，对于所有的知识领域都是共同的。它为每一个领域提供同样的规则、原理、理性发展的阶段。知识型是那一时代的人都无法逃脱的思想结构——由一些无名的手所书写的一整套法律。我们认为，事实上有了知识型，在某一特定的历史时期，统合话语实践的一整套关系就会产生认识论的形象、科学、可能的形式化的系统。①

"知识型"是福柯思想的核心概念之一。根据他的描述，知识型不受任何学科界限的限制，开辟了广阔的思想领域；它并不是寂静不动的东西，一经出现或诞生就消除后来所有其他的可能性，实际上它处于不断的变化或扩展之中。福柯对知识型的理解以及他在《词与物》中对知识型的研究，为我们分析深层形式的变迁提供了理论示范。

此外，美国社会学家索罗金对知识与社会文化心态之间的对应关系的研究也颇富教益。科瑟（Lewis Coser）曾评论道：

> 他（索罗金）的知识社会学企图在具体的哲学的、宗教的、艺术的和科学的思想，与它们赖以产生和繁荣的总体的文化心态之间建立联系。例如，正如上面已讨论的那样，他企图

① FOUCAULT M. *The Archaeology of Knowledge*. ［M］London：Tavistock Publications, 1972：182－183.

> 证明：在感性阶段，科学思想有只根据感觉的经验和经验的
> 证明及证据的倾向，然而在灵性文化占主导地位的时期，经
> 验科学不再发展，为各种旨在直觉地洞察宇宙性质的自然哲
> 学所取代。①

索罗金的研究表明，知识的思维形式蕴含于普遍的社会文化当中，而社会的文化心态决定了人们的认识倾向，从而决定了知识的形态。这一理论路径为我们从社会历史角度分析教育知识的深层形式提供了理论启发。

应该说，库恩的"范式"、福柯的"知识型"与索罗金的知识社会学可相互印证，只是库恩与福柯偏重探讨科学知识（思想）的"内在组织规则"，索罗金则更加关注社会文化心态对知识生产的制约。教育知识深层形式分析对上述研究成果的借鉴集中在如下两点：其一，在认识理解上，借鉴"知识型""范式"理论，将深层形式理解为教育知识的生产方式、教育知识生产的有效标准。作为教育知识生产方式，深层形式为表层形式提供了命题联结规则，它规定了教育观点与观念之间构成论证关系的诸种范型，是人们判断教育知识生产是否有效的依据。其二，在分析路径上，借鉴索罗金的知识社会学，将深层形式的演进与社会形态的变迁相联系，分析深层形式在不同社会形态中的形成与转换。但是，对于社会历时形态的划分，我们不能以含义过于模糊的"文化心态"为依据，而代之以"人的秩序"。

根据"人的秩序"划分社会历时形态，可清晰辨识各种形态中的社会生活形式以及相应的教育知识深层形式。"人的秩序"是指人与人之间的联结方式。每种社会都有其主导的人际联结方式，"联结方式"并非由人们任意设计，而是有着深刻的联结基础。社

---

① ［美］刘易斯·A. 科瑟：《社会学思想名家——历史背景和社会背景下的思想》，中国社会科学出版社 1990 年版，第 520 页。

会形态的差异集中表现为联结基础的不同。联结基础及具体联结方式共同构成了社会生活形式。根据马克思的经典定义，人的本质是社会关系的总和，因此社会生活形式无疑最能反映某一社会之下人的生存本质。从"生存本质"流溢而出的教育知识生产活动也必然烙下社会生活形式的"印记"，此即蕴于教育知识中的深层形式。社会形态、社会生活形式与深层形式三者以"人的秩序"为基础实现深刻的关联。以"人的秩序"为依据，人类社会形态大致可分为"亲属社会""依附社会"与"民主社会"，"深层形式"的演进便表现为随着社会生活形式的更替而不断转换的历程。

（二）亲属社会的深层形式

亲属社会是以血缘为联结基础的一种社会形态。在该社会中，人与人的关系处于"机械团结"状态①，社会的建制和政制发展还极不成熟，人的行动更易受到初级群体的影响，亲属关系比其他关系都重要，"人的秩序"主要根据血缘建立起来。由这种秩序所确立起来的社会遵循"相似"的组织规则。人们从自己与父母的相似性关联中形成了初步的社会印象，并由此衍生而获得与邻近人群的联结方式。由于"相似"的衍生能力有限，因此，"非我族类，其心必异"。我国古代社会以"孝"为伦理核心，以"人伦"为统制依据，是亲属社会的典型表现。

社会的形成需要教育将游离状态的人联结起来，人与人之间的联结方式又必然反作用于教育及其认识方式，最终反映在教育知识生产活动中表现出深刻的对应和契合，使教育知识的深层形式与社会生活形式同构。这种"同构"具体表现为，与亲属社会"血缘—相似"的社会生活形式相应，儒家教育知识以"类推""隐喻"为组织规则。教育知识生产借助生活事件的"隐喻"或通过

---

① ［法］埃米尔·涂尔干：《社会分工论》，生活·读书·新知三联书店2000年版，第68页。

个人经验的"类推"而实现，教育知识的判准完全在于教育经验与生活经验是否"相似"。"类推""隐喻"对于亲属社会教育知识生产具有不证自明的合法性。如今，人们不再满足于亲属社会的深层形式，且多会指责"隐喻"和"类推"忽视了知识的内在逻辑，或埋怨其没有为教育知识寻求一个坚实的理论基础，最多只能为教育知识的生产提供有益的启发而已。其中缘由，或许正在于深层形式的转换导致教育知识生产方式的变化。

我国古代以儒家教育知识为主体，孔子以人性论为基础的教育知识为我们提供了很好的分析样本。对于人性的判断，孔子力主"性相近，习相远"，认为每个人都是"相似"的，人都是可以接受教育的。在这种假设下，孔子展开了其教育知识。首先，既然人都是相似的，因此可以树立一个"理想人格"，去同化受教育者，最终通过"理想人格"实现人与人的联结。孔子所提出的"理想人格"，如"君子"并不是一种明确的教育要求，他对"君子"的解释也不一致。教育目的的模糊性更加充分地体现出"相似"原则在孔子组织教育知识时所发挥的作用。其次，由于人都是相似的，人与人之间就应当相爱，这就是所谓"仁"的思想。推行"仁"必须从"家庭"到"社会"这种线路，因为"家庭成员"之间是最相近的，这就是孔子的"依于仁""立于礼""始于孝悌"的德育结构①。最后，在"相似"衍生出的深层形式下，孔子对"教师"作用十分重视。人在生理上与家庭成员"相似"，但在"人格"上却更与"教师"相似。在这个意义上"教师"的地位自然与"父"的地位相当。

分析儒家经典文献似可进一步辨明亲属社会的教育知识生产方式。在宏富的儒家教育文献中，《大学》与《学记》堪为代表，以之为例略作分析，可窥一斑。《大学》主干为"三纲领""八条

---

① 吴定初：《中国教育史要略》，巴蜀书社 1996 年版，第 25 页。

目"，文献首先根据"物有本末，事有终始"隐喻"三纲领"的意义。对"八条目"的论证，文献以"格物"推至"修身"，从"齐家"隐喻"治国""平天下"，从而实现从个人到家庭到国家的整体性关联。《学记》先以"玉不琢不成器，人不学不知道"隐喻接受教育的重要性，并以"虽有佳肴，弗食不知其旨也"的生活经验类推教育活动；接着，借"善歌者"类推"善教者"，以"伐木""撞钟"等隐喻教学方法、学问之道；等等。以上"走马观花"式的描述已可让我们理解"推论"与"隐喻"的生产方式。这种生产方式无须理论推演，也无须事实辩护，一切观点之所以能转化为知识全凭其与社会生活的"相似"。社会生活是知识生产的基底。

"类推""隐喻"是颇富原创性的一种知识组织形式①，往往能给人启发、赋予人灵感。不过，随着社会生活方式的转变，"相似"原则所衍生出来的教育知识必定为人所不满，新的生产方式应运而生。遗憾的是，由于中国古代社会的"超稳定结构"阻滞了社会生活形式的转型，致使教育知识深层形式始终未能更新，于是，新的"深层形式"只能出现在西方社会了。

（三）依附社会的深层形式

依附社会是以土地为联结基础的一种新的社会形态，在这种社会中人与人之间以"隶属"关系为基本联结，"人的秩序"表现为一个由"附庸"关系结成的巨大的社会链。在此，我们决不应以现代社会所赋予"附庸"一词的强烈的贬义色彩来理解它。事实上，"附庸"一词从奴隶世界出现后，已逐渐提高到一个荣耀的位置，这段历史忠实地反映了依附社会兴起的过程②。人身依附关系作为已经不再充分发挥作用的家族连带关系的替代物或补充物而载入史册。这种社会生活形式在西方普遍存在，例如，加洛林王朝为保护

---

① 董洪亮：《教育理论建设中的类比问题》，《教育研究》2007 年第 12 期。
② ［法］马克·布洛赫：《封建社会》，商务印书馆 2004 年版，第 265 页。

关系网"而实施的一系列制度",《盎格鲁—撒克逊法典》对"无领主的人"表现出强烈的不信任,都是"依附"社会的生活形式下的自然表现。

在依附社会中,人与人之间形成了以土地为中介的依附关系。人就像"表象"不能决定自己的"本质"一样,其存在必须依赖于被依附者的存在。依附社会不同于亲属社会。在亲属社会中,个人根据"相似"原则被牢牢地黏附在家族、国家当中,难以萌发独立性意识;然而,在依附社会中,人的依附是相对于被依附者而言的,在被依附者之外则可以是独立的,甚至对于其被依附者的被依附者亦然。在依附社会,一个人"隶属"于另一个人是天然合理的,因为被依附者为依附者的生存提供了保障,使之能成为一个为社会所接纳的合法的人,依附者正是据此才获得生存的资格与可能。因此根据"土地—隶属"社会生活形式形成的社会,每个人都不可能无依无着地生存,"无依无着"对于该社会中的人是不可思议的,都需要寻求一个"隶属"者。"隶属"就成为人们组织社会的一般意识而渗入教育知识的组织规则。

社会生活形式的更替导致了教育知识深层形式的整体转换。"类推"和"隐喻"的深层形式在"土地—隶属"的社会生活形式下解体了,教育知识必须按照新的法则重新组织。那么,新的法则到底是什么呢?在新的社会生活形式下,教育知识生产出现了一个重大变化,即开始注重对知识的隶属者——"理论基础"的探寻。依附社会中,被依附者为人的身份地位提供了基础,每个人都借此获得了存在的资格。这种寻找基础的社会生活形式逐渐内化为教育知识深层形式,此即"基础—演绎"规则。组织规则的转换必然反映出不同的知识追求,从而使教育知识生产表现出完全不同的方式。不难看出,教育知识对"基础"的探寻与整个社会时代"隶属"的生活形式是相契合的,只不过从"隶属"对象到自身之间的合理性遵循社会规范,因而很大程度上是清楚明白的社会事实,而从教育知识的"基础"到自身的合理性却需要知识主体进行必要的演绎。在依附社会中，由"隶属"而来的"基础—演绎"知识组织规则成为教育知识深层形式，在这一"深层形式"下教育知识生产范式可概括为，寻找"基础"以建立独立的教育知识体系。

近代大多数教育学家的著作都具有依附社会的"深层形式"。这一时期的教育知识主体对以往单纯谈论教育经验的生产方式极为不满，他们认为必须首先从一个坚实的"基础"出发，并经过演绎才能生成合法的教育知识。只有找到了"基础"，教育知识才有了"可靠"的保障。例如，《大教学论》以"宗教理论"作为教育知识的基础，由此演绎出教育目的，进而推演出整个教育知识体系；《普通教育学》以实践哲学与心理学作为教育知识的"基础"，并生产出"普通"的教育知识。当然，这一转换过程并非一蹴而就，如《大教学论》就仍存有很多"类推"与"隐喻"，只是它们已从知识组织原则转变成一种具体的论证方法。及至《普通教育学》，"类推"与"隐喻"已基本上退出教育知识生产的舞台。可见，为教育知识寻求一个理论基础，将教育知识附于其下从而保证自身的知识身份，这是近代教育知识主体的一个普遍信念。在他们看来，为教育知识寻求理论基础是教育知识自身获得知识合法性的必要条件，问题仅在于所寻求的"理论基础"是否适当。那么，如何判断"理论基础"是否适当呢？这就需要从"理论基础"通向教育知识自身的理论路径进行"演绎"，于是"基础"和"演绎"就构成了依附社会教育知识的组织规则。

随着社会形态的转变，依附社会教育知识的深层形式自身蕴含的悖谬逐渐暴露出来。一方面，社会生活形式赋予它寻求"基础"的特性；另一方面，这种对"基础"的依附与随之产生的学科自主精神相对立，并激起了教育知识主体强烈的内在焦虑。这一"焦虑"，即"教育学沦为其他学科的领地"，在赫尔巴特《普通教育学》的"绪论"中有清晰的反映，但"焦虑"的排遣却有待"深层形式"的演进。

（四）民主社会的深层形式

民主社会是以"个人权利"为基础构筑起来的社会形态。个人权利的广泛主张使人摆脱了依附状态，形成了新的联结秩序。所谓"个人权利"，就是经由洛克阐发并此后一直为人们牢牢紧握的生命、健康、自由与财产权①。其中，财产权既能确保"生命、健康"不沦为空洞的权利，又能使"自由"不退缩为主观自由，是个人权利的核心。作为财产的度量形式，货币及其制度化的现代发展对人与人的交往方式产生了重大影响②。这主要表现在，其一，货币为衡量万物的价值提供了最简明的表达形式和最凝缩的符号形式，"铲除"了由出生、血统等导致的"质"的不平等③；其二，货币制度使人从土地、血缘的依附中解放出来，获得独立，"独立"则使人乐于彰显"差异"、追求自由④。

在崇尚自由与平等的民主社会中，人是相互独立、分散的，社会联结依赖于社会成员的"个人意愿"而实现。"个人意愿"及其合理性的陈述是社会联结的基本方式，甚至国家也只能凭此获得合法性。于是，民主社会新的社会生活形式便以"权利—意愿"建立起来，教育知识深层形式也随之发生了相应的转换。在民主社会中，人们对"教育知识""教育科学"已有完全不同的认识，并对教育知识生产做出了几乎完全不同的设计。以往"基础—演绎"的知识组织规则已显得不合时宜，教育知识主体不再信任从其他学科中寻得的"基础"，一切知识都是平等的，"基础"不能保证教育知识的合法身份。依附社会中曾被认为是科学的教育学，由于深层

---

① ［英］洛克：《政府论》（下篇），商务印书馆1964年版，第4页。
② ［德］西美尔：《货币哲学》，华夏出版社2002年版，第3页。
③ ［法］托克维尔：《论美国的民主》，商务印书馆1988年版，第773页。
④ ［美］乔万尼·萨托利：《民主新论》，上海人民出版社2009年版，第392页。

形式的转变其"科学性"已不被民主社会承认。例如《普通教育学》曾以"科学"著称并为赫尔巴特带来"科学教育学的奠基人"荣誉，然而时至民主社会，《普通教育学》的"科学性"已很难让人信服。

与民主社会生活形式相对应，教育知识"独立"的科学地位并非求助于"基础"学科，而是依赖于教育自身。每个关注教育存在的人都可以表达个体教育观点，并通过教育观念的论证使个体教育观点向教育知识转化。如此，新的教育知识深层形式就以"观点—论证"建立起来，其中，"观点"给予个体表达意愿的权利，"论证"则是对个体做出合理性陈述的要求。民主社会教育知识的论证有其独特之处，首先，强调事实性观念指涉的教育事实是可重复呈现的。"可重复呈现"从理论上确保了事实性观念随时可付检验，以其为论据则使每个人都能评判论证，参与教育知识生产。其次，注重对教育观点进行逻辑分析。逻辑分析不同于价值规范的主张与形而上学的冥想，其分析演绎的正误犹如数学计算可供检验，这样的教育知识生产也是人人都可借判断而参与的。

在新的社会生活形式下，"实验教育学"与"分析教育哲学"是富有时代意义的知识成就。对于实验教育学而言，教育知识的合法性在于教育实验的证实而非寻求一个可靠的"基础"。从教育实验中获得可重复验证的事实性观念，以此作为论证依据能有效实现教育知识生产。分析教育哲学的主要工作是，通过逻辑"清思"使教育命题达到"自明"的程度。具体有两种不同取径，其一，借助逻辑手段清除依附社会教育知识中的形而上学基础、价值规范等，奥康纳（Daniel O'Connor）是这一取向的代表，他试图"把无法用经验证实的形而上学、价值论等传统教育哲学的核心内容全部剃光，以净化教育理论，使之成为科学"[1]。其二，通过对教育命题

---

① 陆有铨：《躁动的百年：20世纪的教育历程》，山东教育出版社1997年版，第90页。

进行纯粹的逻辑分析使教育知识获得自立的依据，这就是以谢夫勒（Isral Scheffler）为代表的所谓"形式化"分析、"纯分析"。可见，分析教育哲学的目的似在于通过"分析"提高教育观念的社会化程度，从而摆脱教育知识生产的依附状态。

民主社会教育知识深层形式对教育知识生产有重要意义。一方面，新的"深层形式"使教育知识生产得以独立。所谓"教育知识生产的独立"，指教育知识不再以其他基础科学作为知识的合法性，而是返回教育观念（包括教育事实观念与教育理论观念）寻求依据。由此，教育知识生产的独立不同于教育学的独立，比之更为深刻与彻底。另一方面，新的"深层形式"使教育知识主体变得更加自信。由于新的"深层形式"所造成的教育知识生产的独立，依附社会中教育知识主体对教育知识未能独立而产生的"焦虑"被排除了，人们开始信心百倍地追求教育知识的科学地位。此时，拉伊（Wilhelm Lay）的呼声——"使教育学能够独立，并借此把教育学确实提高到科学的地位"①——成为民主社会教育知识主体的共同追求。

上述分析表明，社会生活形式深刻地影响了知识主体的思维方式，并反映在教育知识的组织规则之中。社会是教育知识的本体基础，教育知识在社会这幅巨大的镜面中照出了自己清晰的影子。

---

① ［德］W. A. 拉伊：《实验教育学》，人民教育出版社 2007 年版，第 12 页。

第四章　教育知识的内容分析

教育知识的"内容"是一个颇受忽视的论题。学界多从整体分析教育知识的生产与实践，鲜少深入内里探讨其实质构成。目前对于"教育知识的内容是什么"远未形成清晰的认识，大多仅凭常识默会"内容"的意义。本章无意描述教育知识的具体内容，而着力从学理上探讨教育知识的"内容"是什么？根据"间际—开放"框架分析"内容"的生产如何可能？再从近年的研究中选取实例分析教育知识内容生产的特性。就分析对象而言，教育知识内容主要通过文本呈现出来，教育知识文本的类型十分繁芜无法尽析，我们仅以具有"发表形式"的文本为对象加以探讨。

一　教育知识的内容是什么

教育知识的"内容"没有成为研究论题，这并非学界已有清晰的认识，也非论题本身没有意义，而大体缘于人们对常识缺乏反思。由此，分析常识理解及其问题或有助于形成更加合理的认识。

（一）现实事实与可能事实

教育知识的内容是什么？缺乏理论思考通常会得出一个很少会引起反思和质疑的常识性解答。"教育事实"便是这样的回答。然而稍加思虑就会发现，"教育事实"这个解答不尽合理，还须另觅他途。

以教育事实为内容，教育知识难以表明自身的存在价值。常识理解的教育事实是发生在现实中的、可感观的"事件"。教育概念和命题如果仅为反映教育事实，这样的教育知识有何价值呢？求知者若欲通过教育知识获得教育事实，他对教育知识必定非常失望。他大可丢掉教育知识，立即跑到教育事实跟前，教育知识满足其需要的程度，无论如何赶不上教育事实本身。不过，如果求知者欲对发生在感观范围外的教育事实进行了解，是否就必然需要教育知识了呢？随着电子技术的发展，其对教育事实的记录已经完全超出了词语的清晰程度。因此即使对于发生在感观范围外的教育实事，求知者也可以通过视频资料获得清晰而生动的教育事实，描述此类事实的教育知识同样可以被抛弃掉。可是，如果求知者欲对历史上的教育事实进行了解，是否就需要这样的教育知识了呢？问题是，谁能保证教育知识就是对过去教育事实的准确记述呢？求知者看到的多半是已被"改头换面"了的"事实"。

"教育知识的内容是教育事实"的观点大致缘于哲学"反映论"。唯物主义认为，理论是对客观事实的主观能动反映。既然"理论"反映"事实"，那么教育知识的内容不就是教育事实吗？这里需要澄清的是，"反映"总是主体借助一定理论工具，从某个角度侧入事实，以达到对事实的通透的理解。"反映"关系并非"等同"关系（人脑的反映非镜式反映，反映极可能"变形"），"反映"的目的并非是对"事实"的完整呈现，教育知识不能满足人们获取教育事实的愿望，但能帮助人们达到理解教育事实的愿望。有论者认为，由概念和命题系统构成的教育知识，表达一种教育事理①，而不是教育事实。教育知识已经超越了教育事实本身，

---

① 叶澜：《教育研究方法论初探》，上海教育出版社 1999 年版，第 322 页。

走向一种教育意义的建构。仅以教育事实的反映为目的的教育知识是够不上"教育知识"的称谓的，教育知识必须努力探寻教育事实背后的意义，超越教育事实。

不可否认，教育知识与教育事实确实存在着某种关系，这种关系表现为，教育知识不是"当下"的教育事实，而是一种"可能"的教育事实。教育知识提出一种新的教育事实的建构方案，"想象可能更好的教育"①，并通过知识文本证明这种教育背后的可能性，"可能性"的证明将推动着新的教育事实的实现。从这种意义上讲，教育事实是不断被教育知识建构起来的。

（二）理论空间与意义空间

关于教育知识内容的另一种常识理解是"知识文本"。根据常识，"内容"大多具有可感观的特性，作为文本形态的教育知识唯一可感的就是知识文本，因此知识文本通常被默认为教育知识的内容。

我们认为，以知识文本作为教育知识内容也难以成立。教育知识文本是一系列教育概念、命题按一定规则组织而成。教育概念、命题和组织规则本身仅仅是知识的形式，将教育知识的内容界定为属于形式范畴的知识文本违反基本的矛盾定律（即"同一律"）。此外，文本是表达教育知识的形式工具，不符合"事物内部所含的实质"这一对"内容"的基本界定。根据"内容"的定义，判断事物的内容应当找到事物所含的"实质"。什么是教育知识的"实质"？教育知识的"实质"是知识生产者通过文本所要表达的对象。知识文本不过是生产者表达内容的一系列符号构成的教育概念和命题系统，它本身只是表达的手段，因此并非教育知识的"实质"。

实际上，很少有教育学者真的将知识文本作为教育知识内容加以指认，更多的是将文本蕴含的理论作为教育知识内容（如前文引证

---

① 金生鈜：《何为教育研究的规范性论证》，《教育研究》2015 年第 8 期。

的"教育事理"论）。知识文本将教育概念、教育命题通过组织规则构成一个理论空间。理论空间与教育知识文本相对应，每个知识文本都生成一个理论空间。如果教育知识建构的是一种"可能的教育事实"，那么理论空间便是对"可能"的证明，是达到"可能"的逻辑手段，其论证对象（而非论证本身）才是教育知识内容。理论空间是"可能的教育事实"得以实现的必经之途，但它并不是"可能的教育事实"本身。换个角度思考，教育知识生产者绞尽脑汁创建知识文本，其最终目的不是为了向学界提供一种理论，而是力图表达一种教育理想图景。理论空间属于表达和支撑教育理想图景的"能指"系统，任何"能指"都不过是表达教育知识内容的可能形式之一。以理论空间为教育知识的内容将导致实质内容的遮蔽。

行文至此，教育知识内容已经呼之欲出了。既然教育知识内容不是作为"能指"系统的"知识文本""理论空间"，则可推知为知识文本的"所指"系统。我们认为，教育概念和命题的所指就是"教育意义"。一个教育概念、命题传达一种"教育意义"，教育知识的所指就是由"教育意义"所构成的关于教育的"意义空间"①，因此"关于教育的意义空间"（以下简称"意义空间"）即是教育知识的内容。

理论空间和意义空间是教育知识文本衍生出来的两类知识空间，在此，有必要对各自的含义与两者的关系作进一步解释。诚如上述，理论空间是教育概念、命题按照一定规则组织起来的，因此当一个知识文本生产完成，文本所附载的理论空间随之形成，凝固

---

① "意义空间"是受维特根斯坦的"逻辑空间"启发而创造的术语。逻辑空间既蕴含发生的事情，也蕴含未发生的事情（［奥］维特根斯坦：《逻辑哲学论》，商务印书馆1996年版，第25页）。与此类似，"意义空间"呈现的是已发生的教育事实和未发生的教育事实，亦即"可能"的教育事实。通过意义空间的展开，一种可能的教育事实"被试验性地组建起来了"（韩合林：《〈逻辑哲学论〉研究》，商务印书馆2000年版，第139页）。一个命题与一个假设（可能）的教育事实配置在一起。以"意义空间"为教育知识的内容将极大地拓展教育知识的理论内涵。

在教育知识的逻辑运演之中。在某种意义上，理论空间可以说是教育知识文本的替代词。意义空间与理论空间最大的不同在于，其一，意义空间具有流动性。意义空间并不因教育知识文本的生成而凝固，而是随着不同的解读呈现出不同的状态。意义空间比理论空间有更强的可塑性、有更多的可能性。其二，意义空间具有广泛的关联性。所谓"广泛关联性"，指教育知识所包含的教育意义既与其他学科知识关联，也与教育知识关联；既与历史上的教育知识关联，也与当代教育知识关联；既与知识体系关联，也与实践体系关联。一个教育知识文本所构建的意义空间不可能是丰满的，而毋宁谓之"接近平面"。意义空间在一系列知识文本、理论空间的重叠中逐渐展开（详后）。

（三）意义空间的特性

将教育知识的内容界定为"意义空间"，为更好地理解教育知识，就须对意义空间进行较充分的认识。此处拟先简陈意义空间的特性，随后分析其生产和建构。

首先，意义空间即知识文本的所指。如前所述，教育知识的文本是教育知识的"能指"，文本的所指就是教育知识的意义空间。从这一认识可得，意义空间的认识和解读须以教育知识文本为基础。脱离了教育知识的文本形式解读意义空间，只能生成与文本形式无关的臆想。不过，意义空间的存在虽然以知识文本为载体，但它们并非决定与被决定关系。知识文本只能决定理论空间（能指系统），无法完全决定意义空间（所指系统）。能指与所指、文本与意义的关系是当代哲学的重要课题①，二者应介于能指的绝对控制

---

① 以罗素（Bertrand Russell）、维特根斯坦早期思想为代表的传统语言哲学，追求能指与所指的一一对应，强调语言对意义的决定作用。这种逻辑经验主义遭到了当代学界的普遍排斥。以维特根斯坦后期思想为代表的日常语言学派，主张"使用"对意义的创造作用，将意义从文本中解放出来。此后，随着对逻辑经验的批判，文本（能指）的语言意义越来越受到贬低，造成意义空间解读的任意可能性。

（逻辑实证主义、结构主义的理论主题）和所指的任意解读（日常分析学派、解构主义的理论主题）之间。意义空间在知识文本的"能指"范围内仍然具有较大的解读自由，创造和理解意义空间时，既要立足于文本的能指范围，又应充分发挥解读者的理解和建构能力，建立起一种生动的、富有活力的教育知识的意义空间。

其次，意义空间的解读亦是生产。既然教育知识的意义空间与知识文本并非一一对应，两者之间存在一定空隙，对教育知识的理解就不能仅仅停留在对知识文本的某一种固定的解读，即便是经典文献也应有解读的自由。更重要的是，由于意义空间不由知识文本决定，其产生便需要知识生产者和使用者的"视界融合"①。对教育知识文本的解读需要以解读者的"前见"为基础，解读者的"前见"与文本的理论空间相互"重叠"，初步生成意义空间。解读者"前见"的差异使每种解读都具有独特性，同一个知识文本，不同教育主体解读出来的意义空间不同。例如，对于《学记》这篇经典著作，教育者从实践上将其解读为一篇论述教育方法的佳作；教育学者则利用教育学史知识解读其学术意义和地位。当然，不同教育主体解读出来的意义空间也并非截然无关，它们处于一种"重叠"状态。各种意义空间相当一部分是"重复"的②，同时又有一部分是属于教育主体"叠加"上去的独特理解。意义空间在不断的"重复"和"叠加"中逐渐展开。

最后，意义空间是群体意识的产物。教育知识的意义空间脱离了知识文本的控制，摆脱了生产主体的独断性解释，解读就成了一

---

① 这里的"消费者"含义较为宽广，泛指所有的教育主体。不同的教育主体有不同的消费方式，但是每种消费方式都不是"消耗"，而是意义空间的"生产"。

② "重复"是本书的重要术语，本章第三节将以此为主题探讨意义空间的生产。在此仅予以初步解释。"重复"绝非知识形式的雷同，仅止于此，无疑是对学术腐败的声张。"重复"既指教育学者在知识构建中对核心观点的重复申明，也指学术群体从不同角度，运用不同方法对某一论题的重复论证。"重复"是"可信性"教育知识生产的重要方法，缺少"重复"而执着于新领域的开拓、"空白"的填补会导致教育知识充满个人观点而乏群体观念，丧失"可信性"基础。

种群体性的理智活动。这种理智活动的群体性质表现在对"重复"内容的共同制造。"重复"内容反映了知识文本对意义空间的"制约",但这种"制约"并不能完全决定意义空间,不同的教育学术群体所"重复"的对象和方式仍有较大差别。因此对《学记》文本的理解,生命教育学术群体解读出来的意义空间与认识论教育学术群体解读出来的意义空间定不相同,因为两个教育学术群体对"重复"部分的认定和建构不同。意义空间理解的群体性根源在于,不同教育学术群体的教育观念表现出一种群体风格,其理解就会出现一种整体性"偏向"。意义空间的解读不仅要从文本方面着手,还要兼顾解读者所属教育学术群体已有的教育观念,二者共同决定了教育知识的意义空间的形态。

二 意义空间的生产(一):措辞

意义空间是群体意识的产物,其生产既不同于注重实证的客观事实的呈现,也殊异于注重逻辑的理论空间的推演,是在交流与对话中逐渐生成。考察意义空间,难以从实证方法或概念体系处着眼,通过学术对话中的措辞方式或可窥见一斑①。

(一)"我"的隐退与重现

虽然个体是意义空间的具体创造者,但其创造活动代表一个学术群体的共同努力,不是纯粹的个人行为。个体在创作教育知识文本时,一般都会努力将教育观点的表达者隐藏起来,其措辞形式有以下几种。

首先,"我"退隐为"笔者"。这种方式将第一人称陈述转化为第三人称描述,企图将"我"从作者身份抽离出来,转向阅读者

① [英]哈里·柯林斯:《改变秩序:科学实践中的复制与归纳》,上海科技教育出版社2007年版,第11页。

集体，并带领阅读者共同审视知识文本，帮助阅读者创建新的意义空间。其次，"我"退隐为"本文"（或者"本研究"）。知识生产者此时彻底退出主体性表达，化身为一个阅读者的立场，其用意与退隐为"笔者"相似。不过这种隐退方式更加强调知识生产本身的客观性，其仿佛是一个与"我"无关，完全摆脱了主观性的、已经获得认可的实践活动。最后，"我"以"我们"隐退。知识文本的主体以"我们"的方式隐退是最合适、最真诚的隐退方式。"我"本来就不是孤立地存在的，"我"是"我们"中的一员，"我"的知识文本的形成方式、意义空间的创建是"我们"的共同成果。

隐退的原因。通过分析知识文本性质中"我"的隐退策略可发现，隐退的目的在于消除意义空间生产主体的个体性质。个体为什么要执行这种隐退策略呢？一般而言，知识文本的创作者和阅读者的"视界融合"有一个交锋过程，阅读者是一个十分庞大的群体，无论作为个体的"我"的社会身份、学术能力如何，"我"始终不敌阅读者群体。"我"与阅读者群体的"战争"是注定要失败的。以"笔者"退隐正是企图将"我"置身于对阅读者的"理解状态"，似乎"我"也成了一个阅读者，这样阅读者就能免于对"我"的排斥和敌意。"我"以"本研究"隐退同样是试图摆脱个体特性，与阅读者形成均势。然而，这两种退隐策略都是不成功的，阅读者在理解教育知识文本之前，首先会确认"我"的身份；在理解活动过程之中，阅读者会自动将"笔者""本研究"还原成"我"，并根据对"我"的身份识别，或者激烈批判，或者积极认同。相比而言，"我"以"我们"的方式隐退是一种比较真诚的隐退。通过这种隐退，教育知识生产者和解读者形成了交流的基础，为意义空间的生产提供了可能。

那么，"我们"究竟是谁？阅读者通过作者署名可以知道"我"是谁，但未必知道"我们"是谁。在阅读之前，阅读者在可能的情况下都会先确定"我们"的范围，然后才能对"我们"的观点和观念进行采摘和否弃。教育知识文本有"我们"重现的机会吗？确实有的。一般论文中，这种重现主要通过注释、参考文献；在学位论文和专著中，一般通过"前言""后记"来呈现。教育学者在阅读教育知识文本时，常先翻阅"后记""前言"和"参考文献"等，这种不自觉的习惯实际上"其中有真意"，那就是确认作者所属的学术群体。尤其在学位论文、学术专著的"后记"中，能清楚地感知到一个教育学术群体对一个知识文本的创造所做出的共同努力。因此"我们"不能当作一个虚拟代词来理解，"我们"是有实际意义的，它与知识文本的"意义空间"具有一种深层的关联。

"我们"与"意义空间"是什么关系呢？可以说，"我们"是意义空间的根基，意义空间的创立来源于"我们"。"我们"为意义空间提供学术群体共同确认的教育观念，这些教育观念成为意义空间的"硬核"。阅读者在理解、诠释甚至批判的时候，都自觉地从"我们"开始，脱离了"我们"，意义空间的意义是不全面的。但是，也不能过于强调"我们"对意义空间的决定性，这样就会导致一种对意义空间的封闭性理解。说意义空间的"根基"在"我们"，并不是说"我们"对意义空间具有绝对的控制权。"根基"的意义不在于"决定"，而在于对意义空间生成的"起点"和"进程"的一种标注，它只是阅读者在理解和创造意义空间的一种必要参考。意义空间本身是开放的存在，它允许其他阅读者在理解时进行一定程度的"叠加"。在意义空间的创造过程中，是否有可能完全否弃对"我们"的参照呢？在实际的教育知识生产中这种情况也是存在的。例如，对《学记》中"教学相长"的理解，往往是脱离作者及其思想群体的一种当代性的诠释。

（二）"是"与"应是"的对峙与融合

作为科学研究，通常离不开"是"的表述，科学研究是对

"是"表达一种好奇。传统的知识观认为，在知识文本中，只能存在大量的"是"的表述，而不能容忍对"应该"的表述。根据这样的认识，学界存在一种普遍认同的知识观："是"是科学的、是知识的基本判断和表达；"应是"是价值意义上的判断和表达，是主观性的。有教育学者反对教育知识中的"应当"的表达，认为这造成了当代教育知识"概念'泛化'的假象"。他们对概念的性质分析如下：

> "概念"（科学概念），作为反映对象本质属性的思维形式，其内涵只能根据它所指称的对象的"实然状态"规定。尽管任何概念的内涵都不是一成不变的，但只有当概念所指称的对象的实然状态普遍地发生变化之后，概念的内涵才会发生相应的变化。①

细读上文，论者认为作为教育知识的基本形式——教育概念——只能根据"实然状态"来界定，用"是"来表达。这样的表达必然出现概念外延的发展和内涵滞后的扦格。该论者最终快刀斩乱麻将"理念"排出教育知识，因为理念不是对"实然状态"的规定，是靠"应该"来表达的。在这里作者似乎陷入了悖论，一方面，知识概念只能用"是"表达"实然状态"，另一方面，"实然状态"是人的活动结果，表现出一定的"应该"色彩。"是"和"应该"出现了碰撞。

怎么跳出这样的悖论呢？对"是"和"应该"的表达进行分析，或能从中获得启发找到克服悖论的出路。我们认为，"是"的表达是一种封闭的知识观，否定了知识本身和对象的可变性。在这种表达方式下，将出现两种情况，一是表达主体的一种独断论，二

---

① 陈桂生：《"教育学视界"辨析》，华东师范大学出版社 1997 年版，第 5—6 页。

是知识本身的一种绝对主义。"是"就是对事物本质的探索的一种表达方式，它忽视了教育事实本身的人为性，忽视了认识主体本身的社会背景，将知识及其对象放置于一个理想的情境中。这种表达方式本身反映了社会利益占有者的一种霸权现象，他们意图利用自己的"是"来否定其他"是"，只有自己的"是"所表达的才是知识，其他的"是"不过是"理念"，是主观臆想罢了。可这种封闭的、绝对的知识观又不能不对知识本身的发展，概念本身的变化视而不见，因此陷入一种难以摆脱的矛盾。

为摆脱矛盾，我们支持一种"应是"的表达。"应是"是"应该"与"是"两者的联合。"应该"是伦理学研究的一个重要概念，它与行为的善相关。"行为的善"即行为所具有的能够达到目的、满足需要、实现欲望的效用性，简言之，也就是行为能够实现其目的的属性。行为的这种善就是所谓的"应该"①。"应该"不是一种绝对化的命令，而是从行动情境的整体知觉中提出的一种建议方案。"应该"一词本身不排斥其他应该的可能，它与"必须""应当"不同，"必须"是在一种封闭观念下的必然性认识得出的，"应当"又企图通过绝对主义的道德"正当"强制人们认同。比较而言，"应该"是开放性知识观的较为合适的措辞，其与"是"（此处的"是"作为系词的意味较强而作为断定的意味较弱）所结合而成的"应是"是建构主义知识观适宜的表达方式。

还应指出，"应是"并不否定和拒绝"是"。如果知识文本全部是"应是"的表达，那么，意义空间就会处于完全开放的状态，"完全开放"将导致空间的自我消解。因此"应是"与"是"应从相互对峙走向相互融合，"是"的表达注重理论空间的生成，而"应是"的表达则使理论空间的边界具有可融通的性质，从而使意义空间的生产成为可能。

---

① 王海明：《伦理学原理》，北京大学出版社 2001 年版，第 30 页。

(三)"似"与"或许"的断裂

在传统知识观的统制下,人们通过各种研究方法追求知识的可靠性。人们努力寻找一些精确的措辞来表述知识,教育知识文本欲创立牢固的、稳定的理论空间,这是一种不容置疑的标准空间,它类似于物理空间,其每个向度都用一定刻度精确限定。这样的知识文本拒绝使用不确定的措辞,认为这样的"措辞"损害理论空间的确定性。那么,作为一种开放的教育知识观对这样的措辞应该持什么样的态度呢?

翻阅教育知识文献发现,教育学者在创建知识文本时,经常使用一些表达"因果"关联、"条件"关联的命题。人们竞先发现教育现象中存在的"规律",教育实践中所存在的"规范",处在"发现"的兴奋之中自然对发现的"内容"深信不疑。布鲁纳发现了教育知识与认知结构的关系,并发出宣言,"任何科目都能够按照某种正确的方式,教给任何年龄阶段的任何儿童"①。然而,通过数年的实验,最终不得不承认这个宣言是"浪漫"的假设,而不是永恒的规律。我国当代的课程改革,也有学者宣称,找到了教育的弊病在于"繁、难、偏、多",提出了"改革方案",并颇有豪气地喊出"为了中华民族的伟大复兴,为了每位学生的发展"的口号,似乎胜利就在眼前。然而,随着课改反思的深入,我们不得不承认,道路其实还很长远。在方法上,为了更加增强发现的"可靠性",人们甚至主张使用"量化"研究,使用"经验"研究,旨在消除任何"不可靠性"。

根据"开放"的观念,教育知识文本所创立的是一个动态的意义空间而不是精确的理论空间。在文本措辞上怎样才能做到改变孤立、封闭的理论空间,开创一个开放的意义空间?前文介绍了以

---

① [美]布鲁纳:《教育过程》,文化教育出版社1982年版,第6页。

"应是"代替"是"的基本表达，这里我们建议采纳"似"与"或许"的措辞。相对于这里的"似"与"或许"，"是"表达的是一种连续和孤立的意义，"似"与"或许"则表达了一种意义的断裂，而"断裂"意味着一种开放的可能。如果一个教育知识文本在措辞上拒绝使用"似"与"或许"，它的知识文本确实表达了一种确定性信念，然而确定性知识文本存在着一个无法摆脱的悖论。一方面，教育知识文本所创立的理论空间是确定的，拒绝其他解读，文本建构者认定，知识文本的意义是孤立而永恒的；另一方面，只要教育知识交与公共领域，就免不了被他人解读，理论空间不免在动态发展中毁于一旦，无论多么精确的理论空间都无法阻止人们的多样化理解。"似"和"或许"的使用打开理论空间的封闭的窗户，为意义空间的生成提供了可能。

"似"与"或许"的使用赋予教育知识开放性。"似"与"或许"表达一种观点，这种观点不排斥其他更好的意见，也不拒绝其他知识主体对这一观点的解读。"似"和"或许"之于意义空间的意义，就像德里达的"断裂"对于连续性的重要性。相对于确定性而言，"似"和"或许"更能激发教育知识主体的想象，更能促动理论空间的"流动"和相互"重叠"，有利于意义空间的生成。在开放知识观下创建教育知识文本，不能拒绝使用"似"与"或许"，拒绝"似"与"或许"就关闭了理论空间的开放之门，遏制了教育知识文本所蕴含的充满勃勃生机的意义空间，使教育知识成为追求可靠性和精确性非人文知识。

当然，我们对"似"与"或许"的"准入"态度不应被夸大。此处只是针对拒绝使用"断裂性"措辞的"可靠性"研究而发出的议论，并且我们的态度不是"只能使用"断裂性措辞，而是"不应当拒绝使用"。假如上文的表达被误解为教育知识文本生产"只能"使用"似"与"或许"，那么，教育知识文本就会成为断裂的"碎片"，这样的教育知识是无法构成意义空间的。

（四）寻求"友声"与"异音"

现在，我们将视角移向教育知识文本的前言或结语的措辞。一般而言，知识文本的"前言""结语""后记"等都是在临近结束阶段写就。此阶段，教育知识的理论空间已经建立起来，创建者在此大都要对理论空间进行一番自我回味和审视。结尾阶段的言说颇能看出作者自己对理论空间的态度。封闭主义者将理论空间等同于意义空间，从而为自己完成了一幅教育理想图景的建构而欢呼雀跃。他们为自己的发现和创造表现出惊喜，认为自己已经步入人类教育理想的境地，教育知识已经发展到了极限。夸美纽斯《大教学论》中有一段快意文字，他在书的扉页中曾言，"就这里的每项建议而论，它的基本原则都是根据事情的基本性质提出的"①，"我们敢于应许一种'大教学论'，就是一种把一切事物教给一切人们的全部艺术，这是一种教起来准有把握，因而准有结果的艺术"②。这样的措辞只能表明人们对教育知识尚缺乏反思与自识。

我国教育学界的前辈在对待自己知识文本的态度为我们树立了一个典范，下面两则例子表现了教育学者对理论空间所持的开放态度。

> 历史发展的无限性与人们认识的有限性之间的矛盾，也决定了分类的暂时性与相对性。但这也正是人类思维进步的内在动力。以"有涯"追"无涯"，不亦悦乎？人的理智的需要，教育科学自身发展的需要，将引导人们为此而继续探究。嘤其鸣兮，求其友声；更寻其异音也。③

> 是耶？非耶？这只是本人冷思考的一孔之见，但愿能为本

---

① ［捷］夸美纽斯：《大教学论》，教育科学出版社1999年版，"扉页"。
② 同上书，"致意读者"。
③ 瞿葆奎：《教育学的探究》，人民教育出版社2004年版，第28页。

问题的深入探讨提供一些思考资料。①

　　学界前辈示范了"开放"知识观对理论空间应该持有的态度。这种"开放"态度既表现出一种理论构建的自信，同时也饱含对他人参与意义空间建构的期待。教育知识的意义空间不是随着文本的确定而一劳永逸的，而是随着其他研究者的参与理解和建构而逐渐生成的。因此"求其友声；更寻其异音也"的态度是一种良好的意义空间的建构态度。这种态度认识到，知识文本创建者所创立的理论空间为意义空间生成奠下基础，为一种教育理想的建构提供了可能，但这种建构工作还远未完成，所创立的理论空间不过"为本题的深入探讨提供一些思考资料"，意义空间的生成"在路上"。这是一种成熟的、理智的态度，彰显出知识文本生产者的大度和气魄。
　　关于"求其友声"，一般都被理解为一种表达"客套"的虚语，没有实际意义。根据"开放"知识观，"求其友声"表达了意义空间的集体性创作的努力，是对关注共同论题的学术群体发出的邀请，同时也希望教育学术群体对作者所创立的理论空间进行重叠。因此"求其友声"是为寻求其他教育学者共同创建意义空间。"求其友声"具有深层的知识社会学意义。"寻其异音"一般理解为表达一种"谦逊"，也很少有人对其进行专门解读。"异音"或许是一种完全不同的意义空间，其存在或将意味着意义空间的争夺。既然是一种意义空间的"争夺"，为什么知识文本的创建者还要表达对此的"期望"呢？难道这也只是一种务虚之词？实际上，"异音"的出现，表明一种完全不同的意义空间的形成，教育知识将可能实现增质性进步，因此"异音"与"友声"相比，其意义实在不可同日而语。当然，并不是每一种不同观点都是真正的"异

---

① 王逢贤：《优教与忧思》，人民教育出版社 2004 年版，第 233 页。

音",也不是每一位学者都有容纳"异音"的胸襟。

尽管"措辞"分析表明,个体在意义空间的生产中不是超然孤立的,但生产活动毕竟大多是个体独自完成,这难免使人以为,意义空间的生产是与他人无关的个体理智活动。要从根本上排除"孤立"的生产观,还须对意义空间生产的基本范式进行探讨。

三 意义空间的生产(二):范式

"措辞"分析,虽可揭示教育知识内容生产的建构特性,但未能表明具体的生产范式。我们认为,教育知识内容生产的基本范式为"重叠",包括"自我重叠"与"群体重叠"。教育知识的意义空间便是在一次次的"重复"与"叠加"中逐渐展开。

(一)重复与意义硬核

意义空间包括"硬核"部分和"扩展"部分,若要揭示意义空间的建立,便须对意义空间的硬核部分和扩展部分的生产过程进行一定程度的说明。意义空间的硬核部分是通过重复形成的。"重复"是一个十分重要的、值得深入思考的概念。最为常见的重复的运用是艺术领域。通过一次次重复,个人的情感得到充分的表达,一个艺术的想象空间被完满地建立起来。例如,在一首歌中,重要的歌词会不断地重复,重要旋律会一再响起,艺术家所构造的艺术想象正是在这种重复当中得到彰显。文学表达也具有同样的特点,在一篇小说当中,作者所要表达的核心,一定会反复谈及,重复是文学塑造的一种不可缺少的手段。如果没有重复手段的使用,人们在阅读了一篇小说之后,留下的内容就会很少,也很难明白作者力图通过小说所要表达的意义。除了艺术表达以外,基本的生活形式也离不开重复。生活形式本身是以循环的形式进行的,不同社会具有不同的循环形式,但循环本身是永恒存在的。生活形式中的重复和循环的典型例子，如节日、仪式等，是各种社会时间的本体性结构①，人们在重复的过程中获得相互信任，获得对生活的控制感。重复是生活形式中不可缺少的基本要素。

　　生活与艺术中的重复现象或许不难理解，但素以创新为追求的学术研究竟也存在重复？回答这一问题之前，有必要首先陈明，此处的重复并非文本抄袭，而是指对某一观念从不同角度反复确证，或者不同知识生产者反复运用某一观念，大量引证某一观念的知识生产现象。显然，知识文本、理论空间的生产与意义空间的建构都离不开重复，只不过知识文本、理论空间仅执行文本内的重复，意义空间则更多地实施文本间的大量重复。重复使某一观念与该领域各方面建立起广泛的联系，如此意义空间方能随之展开。具体而言，一篇论文或著作须实施如下几类重复：一是对自己核心观点的重复，通过重复，核心观点便更易突现，更能获得"可信性"；二是对其他观念的重复，这种重复确保知识观点获得社会性确证，避免出现毫无观念支撑的纯粹私人性的观点；三是对其他理论空间的重复，一种研究须以承认某一理论空间为起点，否则研究就成为"悬空"的设想。

　　重复在教育知识的理论空间与意义空间建构中的应用。教育知识理论空间的构造离不开重复。如果教育知识文本只有推理演绎，没有重复，便难以让人信服，给人的感觉是虽合理但不可信。教育知识文本一般包括前言、本文、结论三部分，重复表现在，前言对意义空间的硬核的描述，必然在本文的论证部分多次提及，并在总结部分再次叙述。缺少重复，教育知识文本就很可能不知所云，难以让人掌握知识文本力图建立什么样的理论空间。重复不但是个体教育学者构建理论空间的必要手段，也是学术群体确立意义空间的基本策略。意义硬核正是通过多个教育学者的重复和某个教育学者

---

　　① 〔德〕汉斯－格奥尔格·加达默尔：《真理与方法——哲学诠释学的基本特征》，上海译文出版社1999年版，第159页。

的多次重复才逐渐确定下来，然后又经过一系列理论空间对硬核的重复，才最终建构起丰厚的意义空间。

重复制造出教育知识意义空间的硬核，形成教育学术群体的教育观念。推而论之，重复不但展开了教育知识的意义空间，而且也造就了教育知识传统。正是大量的重复活动，使得部分教育知识变得更加确定，并逐渐成为教育知识传统，构成人们思考教育的一种固定框架。

（二）叠加与意义扩展

任何有意义的、富有生产性的重复，无论是艺术对情感的营造，文学对人格的塑造，都不是没有内容增量的机械重复，除了重复外，还存在着叠加，二者合为"重叠"。只有重叠才能既实现知识创新，又增强创新知识的"可信性"，单凭任何一方面都无法完成教育知识生产。

理论空间围绕意义空间的硬核进行知识积累。前已述及，硬核部分是意义空间的核心成分，硬核的形成是意义空间形成的标志。在教育知识意义空间的硬核确立后，信从者便开始运用理论空间在硬核基础上对意义空间进行叠加。叠加是个体对教育意义的解析和创新，有助于教育知识的积累。在此，有必要进一步分析理论空间与意义空间两者的关系。就二者的联系而论，理论空间不断丰富意义空间，意义空间又对理论空间提供支撑。两种类型的知识空间是相互流动的，理论空间的扩展部分在多次重复下也逐渐被群体所承认，最终变成硬核的一部分。二者的差异可在知识生产的价值上区分，意义空间的硬核为知识生产提供范式，生产价值最高；扩展部分是其稳定的支撑，生产价值其次；理论空间的核心观点不过是意义空间的硬核或者扩展部分的一次重复，生产价值再次；理论空间的论据则是对其"核心观点"的支撑，生产价值最低。

从知识生产角度看，"叠加"的实质是教育学者利用意义空间的硬核观照教育现象。在知识生产过程中，意义空间逐渐扩大自己的解释范围，教育知识在此表现为量上的扩展。意义空间为教育学者提供了一个学术纲领，为其解析教育现象、论证教育观点提供了观念和范式；如何利用纲领分析教育现象和论证教育知识，反映了一个教育学术群体的独特风格。意义空间如果缺少教育学者的使用，就只是一篇无法落实的宏观构想，而一旦凝聚了一批教育学者，并且按照教育现象的各个领域扩展，一个教育知识体系就会逐渐建立起来了。所以"叠加"虽然是教育知识发展的常规时期，但不能认为这种学术活动是不值一提的，不重要的，实际上正是"叠加"活动才使得意义空间富有根基和生命力。

（三）自我重叠

所谓"自我重叠"，指教育学者在自己已经创造的理论空间的基础上重复其内核，扩展其边缘域，使理论空间的解释能力逐步提高，初步形成意义空间。下面拟从理论空间的生产和意义空间的确立两方面分析自我重叠。

理论空间的产生。自我重叠虽然是生产者重复自己的理论空间，但根据社会学研究，这绝非是脱离"他人"的纯粹孤立的智力活动，具有以"内心的对话"为基础的社会起源[①]。在自我重叠的过程中，生产者时常处于与自己对话的状态。这种"内心的对话"何以产生？我们认为，个人要学会与自己对话必先与他人进行学术交流，具体包括正向和负向的交流。正向交流，是教育学者在缺乏知识生产经验时，通过与其他教育学者的交往逐渐形成一套知识生产技术。在正向交流中个体学会了理论空间的构建规则，很容易获得一种理论空间制造的成就感。负向交流，即教育学者运用自己所掌握的教育知识（包括知识生产技术），对他

---

① 于海：《西方社会思想史》，复旦大学出版社 2005 年版，第 369 页。

人的教育知识的理论空间提出批评和反驳。

正向交流与负向交流在教育学者对理论空间进行自我重叠时发挥着十分重要但又迥然不同的作用。在理论空间的生产过程中，正向交流主要帮助教育学者形成理论空间的基本构型。个体创作时，他人的话语和经验不时闪现在自己的知识生产过程中，指导着个体进行各种各样的构造活动。从这个意义上讲，个体对教育知识理论空间的建构也是一种社会活动，只不过这种社会活动是由个体整合入心智之中并在个体意识内部进行的，这种内部整合的过程就是"学术自我"的形成过程。相比"正向交流"而言，"负向交流"的意义更不可忽视，因为如果仅存在"正向交流"而没有"负向交流"，"内心的对话"就不可能产生，教育学者就会成为一个独断的知识主体。教育学者在负向交流中学会如何对已经构成的理论空间进行细致而耐心的打磨，这将使得理论空间越来越丰满并能经受住各种批判，从而为进一步重叠生成意义空间奠下基础。比较正向交流和负向交流，如果说正向交流有助于研究主体形成"学术自我"，那么负向交流则是"学术他我"形成的主要途径。负向交流使教育学者能够同时扮演"学术批判者"的角色，把"学术自我"放在一个想象的"学术批判者"的审视之下。理论空间的创造过程，就是"学术自我"和"学术他我"之间的"内心的对话"过程，在这个过程中，"学术自我"不断地提出一种理论空间的构造方案，"学术他我"则不断地予以反驳、批判，一旦两者达成了一种"共识"，一种新的理论空间就建构起来了。

自我重叠与意义空间的初步形成。一种理论空间的形成不能立即生成意义空间，为了进一步确立意义空间，还需要教育学者对理论空间做出进一步探索。这种进一步探索体现为，教育学者沿先前的理论空间进一步扩展，从中创造出一系列的理论空间，这些理论空间聚合在一起将大大增强教育知识的解释力，并最终共同支撑起教育知识的意义空间。可见，教育学者对已有理论空间的进一步探索，实际上是执行一种理论空间的自我重叠，意义空间在理论空间的重叠中确立（当然，"确立"并不是终点）。例如，王策三教授的一系列重叠性的教育知识文本：《教学论稿》（1985年人民教育出版社）——《教学认识论》（2002年人民教育出版社）——《认真对待"轻视知识"的教育思潮》（2004年《北京大学教育评论》）——《教学论稿》（第二版）（2005年人民教育出版社）……王逢贤教授的一系列重叠性的教育知识文本：《教育科学应该有一个大发展》（1983年《中国社会科学》）——《现代教育先行论再探》（1986年《东北师大学报》）——《教育优先发展战略的再认识》（1998年《中国教育学刊》）……

（四）群体重叠

群体重叠的重要性。意义空间的建构是一种没有终结的西西弗劳作。由于个人的生命与力量是有限的，自我重叠不可能永久持续下去，群体重叠终将是意义空间不可或缺的建构方式。从教育知识生产实践来看，自我重叠往往能引发群体重叠，教育知识意义空间的生产更多是由一个教育学术群体共同完成。个体所创立的理论空间经过群体重叠后才能转化成丰厚的意义空间。在此意义上，群体重叠是意义空间创建的重要环节，也是教育知识意义空间生产的基本方式。一种意义空间如果缺乏群体重叠，人们会觉得它多半属于个人的想象，难以成为可信的教育知识。

群体重叠何以可能。群体重叠的产生需要知识生产的"先行者"。"先行者"通过知识生产制造理论空间，其余生产者便在此理论空间上重叠，最终形成意义空间。"先行者"所创造的理论空间与意义空间具有独特关系，甚至可以直接作为意义空间的硬核，其余教育学者的理论空间是在硬核的基础上进行重叠，他们的重叠可以看作意义空间的"扩展"。例如我国古代的孔子开创的儒家教育知识，以及后来大量研究、诠释文献和实践所生成的意义空间；

近代赫尔巴特所开创的传统教育理论，以及后来大量的理论空间和实践所构成的意义空间。孔子、赫尔巴特相对于两个重叠群体来说，他们都是"先行者"。

意义空间的重叠群体必然存在一个"先行者"。"先行者"能将其他教育学者凝聚在一起，形成一个富有生产力的学术群体。应当注意，"先行者"概念并不意味着该教育学者具有超然独立的身份和权威，其"先行"意义勿宁是由大量的"跟随者"界定的，"硬核"的意义也随着文本的重叠而产生，"先行者"与"硬核"本身包含群体认定的意义。似可认为，"先行者"所生产的理论空间已经超出了个人意义，成为一个教育学术群体的意义空间的构建宣言。而正是在这个意义上，教育学术群体中的一般知识主体才会积极主动地进行群体重叠，并在群体重叠中努力寻求认同感，渴望得到承认，否则就将永远是一种自我重叠。还应注意的是，群体重叠不仅发生在教育知识意义空间的生产过程中，其实整个学术研究都是互相重叠，各学科通过被其他学科重叠而获得学界认同。某学科知识如多次被其他学科的知识生产所重叠，便说明该学科知识所构造的意义空间已经成为学界广为认可的一种解释范式，具有较高的学术性。例如数学在自然科学意义空间的建构过程中所起到的范式意义，哲学在人文科学意义空间建构过程中起到的作用。可见，学术研究是一种群体重叠活动，学科地位并不完全取决于学科知识的"先天"性质，学术群体建构意义空间所作的努力同样重要。

意义空间的重叠具有从理论论证走向实践建构的倾向。教育知识具有超越现实的力量，一个丰厚的意义空间必定能够掀起教育实践群体变革现实的热潮；广泛的实践运用既能为教育知识形式的修改调整提供反馈信息，又可进一步拓展意义空间并增强其稳固性。一种从未进入实践的教育知识，尽管其教育概念与命题都有清晰的含义，理论论证毫无破绽，在知识形式上也堪称完美，但他人仍可从"学术立场""研究视角"等方面对其展开批判，意义空间遭到批判难免因缺乏实践根基而飘摇、萎缩。教育知识虽然既有走向实践的本性，也有进入实践的必要，但能否真正成为实践者变革现实的力量仍是有条件的。其中最为重要的条件或许是，意义空间的重叠程度、展开状态。试想，如果某一教育知识在教育学术群体中都无甚影响，教育者何以判断其具有改变实践的巨大力量呢？实践者大抵不会贸然选取一种无人问津的知识来指导自己的实践。

现已明了，在单一意义空间中进行教育知识生产，通过重叠可迅速实现教育知识的量的积累。然而，事实上，教育知识社会并非只有一个意义空间，意义空间之间存在着竞争，在现实的教育知识生产中重叠并不是一帆风顺的。例如，我国当代课程改革者借西方教育知识构建意义空间，并努力向各教育领域重叠，在此过程中，不少教育学者运用与之不同的一种意义空间进行反驳，两者之间发生了关于意义空间的争夺。那么，何谓意义空间的争夺？如何实现争夺？对此，有必要进一步从理论上予以分析，选取实例加以说明。

四 意义空间的争夺

前文分析似乎表明，意义空间的生产完全是在一种理性协商的氛围中完成的。然而事实并非全然如此。翻开学术讨论的历史，看看史上数次争锋，到底谁被说服了？很多时候，教育知识史上的辩驳与其说是一种学术观点的"争论"，还不如说是为各自的意义空间的生存而展开的"争夺"。

（一）争夺与争论

"争论"是一个广为人们熟知的概念，从这一概念中可以解读出丰富的内涵。例如，争论双方为着一个真理的目标前进，负有发现真理的光荣使命；争论双方既然是服从真理的，那么争论就不会无限期地进行下去，两者在争论当中总会存在一个共同认可的解决办法。"争论"为人类理性带来了光荣，人们总是将未曾解决的问题，模棱两可的问题交给"争论"。只要是根据理性进行的争论，无论在哪里都是受欢迎的。人们信任"争论"，认为争论可以解决人类理智的一切困惑。或许正是由于"争论"及其产生的巨大成就遮蔽了人们对它的反思，以至相信任何知识问题只要交给"争论"便可迎刃而解。

实际上，争论并不能一劳永逸地解决教育知识问题。翻开教育知识史可发现，很多"争论"在历史上反复地出现，大多数争论似乎只是在极端观点之间的一种单摆活动。如果知识发展真是一个纯粹的理性问题，怎么会出现这种不可思议的现象？如果"争论"这个术语能解决所有的知识问题，为什么同样的争论一再发生？难道人们的理性能力还不足以明白：我们不能走极端，应当实行一种中庸的道路，让理性的两个极端握手言和吧？然而，这种现象不如想象中那么容易消除，历史事实一再证明教育知识的发展存在着不为人注意的另一面。我们认为，教育知识意义空间的扩展存在着非理性的一面。如果意义空间的理性发展称为"争论"，则其非理性的扩张形式似可称为"争夺"。

争夺通常发生在意义空间的硬核的转变过程中。教育知识意义空间需要知识群体多次重复才能逐渐形成，而意义空间硬核一旦固定下来就成为一个群体解释教育事实和现象的理论工具。不同群体拥有不同的硬核，他们有不同的教育理念，对教育现状存在着不同的认识。这种长期的理论研究和知识论证的重复，使他们已经将硬核融入了自己对教育的整体性理解。如果要让一个教育学术群体改变意义空间的硬核，就相当于让他们放弃已形成的理解，从头开始另寻新的理解方式，这是极端痛苦并难以实现的。而且两个不同意义空间的硬核，具有"不可通约性"，不可能通过理性来进行评论和比较（即争论对此是无济于事的），更难以融合。这一点以前往往被人忽视，能用理性来评价一切教育知识的执念，掩盖了教育知识发展的非理性的一面。

上述分析似可得出一个结论，即教育知识意义空间的转变，尤其硬核的变化主要是通过"争夺"实现的，而"扩展"部分的发展由于其是在同一个硬核下展开的，故可通过"争论"来实现。对于一个意义空间而言，一旦硬核发生了变化，实际上就意味着意义空间发生了转型。硬核的转换并不是靠理性争论实现的，相反，是靠学术群体的努力重复进行的一种"争夺"。当然，在争夺过程中，其他因素，例如政治和经济方面的作用，可能会对教育知识意义空间的转型产生影响。转型之后，先前群体的意义空间并不会完全消失，它会在适当的情况下，通过适当地改变扩展部分的成分和内容，又能重新参与"争夺"。于是就出现了在教育知识史上相同的争论反复上演的情形。

概言之，教育知识意义空间的发展表现出两种状况，一种是理性的"争论"，使得教育知识出现一种增量性的进步；另一种是非理性的"争夺"，使得教育知识出现一种整体转型。教育知识的转型并不是一劳永逸的，其对手将随时准备在适当的时机进行"反扑"。

（二）争夺的缘起

意义空间的扩展很可能招致反驳并引起意义空间的争夺。这是一种颇值得玩味而又缺乏探讨的教育交流现象，它破坏了教育知识生产的理性形象，展示出其非理性的一面。

意义空间的争夺，从根本上缘于意义空间的硬核赋予研究主体不同的解释类型。意义空间硬核的不同之所以是造成争夺的关键，一方面，从硬核的形成基础来看，相类的一簇个体生活历程及其淬炼而得的价值观念蕴含着不同的硬核。知识主体在社会生活史中逐渐形成的一整套认知习惯与价值态度，是主体知识生产的基础，直观地反映于主体的行为方式、言语习惯等，更深层次体现为知识主体的理性生活方式。正是不同的认知习惯与价值态度造成学术群体中每个个体不断重复一致认为重要的观点，这种重复使得这些观点上升为集体的教育观念，构成教育知识意义空间的硬核。因此不同的硬核并不是单纯的理论空间的矛盾和冲突，它实质上表明了两种不同的教育理性生活之间的冲突。至此可知，不同意义空间下的教育知识通过争论之所以很难取得和平解决，因为和平解决便意味着一类教育理性生活被彻底否定，由于兹事关乎知识生产者的精神生存问题，任何人都势必会竭尽全力争取生存权利。

另一方面，从硬核的功能看，不同的硬核对教育现象具有不同的解释模式。前已述及，意义空间的硬核赋予教育知识主体分析教育现象的范式，是主体对教育观点证明的主要理论依据。由此，不同的硬核通常会导致主体所"看到"的教育现象具有不同表观，对教育事实的理想化表达也呈现一定的差异。由于理性化表达的差异，主体对教育现象的现状会做出截然不同的判断，从而提出对教育现状的不同的改良方案，于是出现从理论空间（知识文本上）的争论到意义空间的争夺。其中理论空间的争论是表面的、形式上的争论，而意义空间的争夺才是争论者的最终目的。一般研究仅仅从理论空间的论战来探讨这种争论和辩护，这样就会对为什么争论会持续很长时间，甚至不曾得到解决而迷惑不解①。

意义空间的争夺与理论空间的争论不同。同一意义空间下理论空间的争论，具有共同的分析教育现象的教育观念与论证范式，它不过是争论双方对教育知识文本的概念、命题以及逻辑体系方面的精确化而进行的努力。一旦出现意义空间的分歧，则双方将借助一

---

① 例如赫尔巴特的传统教育知识与杜威的现代教育知识之间的争论，持续数十年仍未有结论，当时机成熟相同的争论又将一再引发。这样的争论是很难得到彻底地解决的。

切可用的理论能量实行意义空间的重复与扩展，并从理论文本的批判揭示对方意义空间的不合理、从理性生活形式的批判揭示对方意义空间的非法。理论空间争论通常是个体教育学者之间的争论，而意义空间的争夺则表现为两个教育学者群体之间的争夺。意义空间的争夺往往发生于社会生活形式的转换时期。在社会转型时期，一种意义空间往往成为众人支持的理论范式，其余意义空间则出现生存危机。处于危机阶段的意义空间必然会奋而反抗，于是就出现了意义空间的争夺。由于社会的发展并不是生活形式的直线演进，而是各种生活形式的"主—辅"形态交错前进，要完全消除一种意义空间是十分困难的。

（三）争夺的策略

本书拟以"教学认识论"为硬核的王策三教授与以新课程改革"素质教育"为硬核的钟启泉教授之间，关于"知识"在教学中的地位的论战为例简要分析意义空间的争夺策略。王策三教授长文《认真对待"轻视知识"的教育思潮——再评由"应试教育"向素质教育转轨提法的讨论》（《北京大学教育评论》2004 年第 3 期）内容丰富，并表现出高超的理论技巧，可作为研究"争论策略"的分析文本①。

从题目——"认真对待'轻视知识'的教育思潮"——看，作者使用"认真对待"旗帜鲜明地标明了自己的学术立场，"'轻视知识'的教育思潮"则交代了自己的对立面。由于"轻视"一词义带贬斥，标题巧妙地将自己的争夺对象预判为一种错误的、有待克服的思潮。"轻视"与"认真对待"针锋相对，题目中已蕴含文章的主要争夺策略——"二元划分，价值指涉"。

文章通过二元划分，指出当代教育改革中经常提及的"'应试

---

① 本节所引内容均出自王策三教授《认真对待"轻视知识"的教育思潮——再评由"应试教育"向素质教育转轨提法的讨论》一文，下文不再一一注引。

教育'向素质教育转轨"是"忽视知识"的，应当予以摒弃。该文通过列举官方文件指出，政府教育文献中，"没有采用这一提法，没有为素质教育设置一个'应试教育'对立面，没有说要经过'转轨'才能达到素质教育，甚至没有出现'应试教育'和'转轨'这两个词"。政府文件既为该文提供了论证，也为评论这种思潮提供了有力的武器。文章的先定预设在此显露无遗，即符合政府文献的教育思潮是好的，不符合政府文献的教育思潮则是应当"认真对待"的。至此，作为已经运用二元划分对自己的意义空间和对方的意义空间做了初步区分，具体措辞表现在"混乱/条理""困境/走出困境""非逻辑/逻辑"等。而区分的结果是，"我"的意义空间是"好的""正确的"。稍后，该文正式提出批评对象，即《走进新课程——与课程实施者对话》（北京师范大学出版社 2002 年版）一书所塑造的意义空间。

通过上述分析可知，意义空间的争夺是在一种价值指涉下进行的。文章从标题开始实施价值区分，树立"正/反"两种价值典型，对方一直处于"轻视知识"这样一种应当被考虑"认真对待"的思潮。文章在完成价值区分和指涉后提出批评对象。此时，批评对象已经完全不容分辩，被归属于"负面"价值的范畴，完成了对"一种'轻视知识'的思潮"的确认。换言之，实施完价值的二元区分，批评对象就自动归入负价值指涉范畴。

初步交锋，文章已经摆明车马，下一步就是进行明确的批评。怎样批评呢？通过价值的二元区分，作者已经表明对批评对象的态度，现在要做的就是进一步对批评对方实施"负价值附载"。文章在实施这种策略时，使用了"重复"的方法，连续使用了数个反问句。例如，"素质教育原来就是这个意思吗？教育、课程改革的主攻目标原来就是所谓的'应试教育'和'知识本位'吗？""难道在 21 世纪，我们这样一个 13 亿人口的大国全面推进的素质教育，就是这样的一种教育吗？"等等。通过强烈的反问语气，文章表明批评对方所置身的思潮确实是"不好的";随后文章通过引用对方文献,进一步从逻辑上和材料上确证,对方建立的意义空间存在问题,确实是"不好的"。行文至此,文章已经完成负价值的加载,转变了对批评对方的态度,由"认真对待"变成了"坚决摒弃"。

这样的思潮既是"不好"的,则应重新思考"指导我国教育事业改革发展的思想理论和依据是什么呢?"话锋一转,文章进入下一步争夺:对本文所持的意义空间进行正价值加载。文章利用"个人发展的机制和历史道路",利用马克思关于人类社会的发展、利用《中国大百科全书》对"知识"的定义等等观念化了的知识论证"全面发展的教育",使文章的意义空间变得不可置疑。在重复了教学认识论的意义空间后,论者指出"为要使学生更好地发展,就要使学生更好地认识;而要使学生更好地认识,就要采取教学认识的策略","如果舍弃这个策略,轻视知识,减其量,降其质,强调学生直接见闻,即'事事直接经验',这就不仅违反个体的认识和发展规律,尤其违反学生个体的认识和发展规律"。该文的意义空间是合规律的,对方是反规律的。

一般理论空间的争论到此结束,然而作为意义空间的争夺,还须标明对敌方的理性生活方式的质疑,因此文章最后提出了"加强理论建设和学风建设"。言下之意,对方所建立的意义空间,不但存在着理论问题,而且更重要的是对方的学风上、理性生活方式上存在着很大问题。对方的知识文本和意义空间是"信口说、信手写,甚至说一些、写一些我们自己还没有弄清楚的东西",对"群众实践的首创精神和成果"不尊重和珍惜,而是"用一些含混模糊的提法或理论进行干扰和误导"。在这样的研究方式下,对方的意义空间是完全不可信的,确实应当被"坚决摒弃"。

如此,文章通过二元划分——负价值加载——正价值加载——理性生活方式(学风)的否定一系列的策略,最终完成了意义空间的一次争夺。

第五章　形式与内容的耦合
条件与过程

通过形式与内容分析，教育知识如何可能已得到初步说明。然而，前文的分析侧重教育知识的社会基础的论证，止于对教育知识生产方式的社会学解读，表现出较强的理论思辨性。一番理论陈述并未触及教育知识的生产过程。加之，"如何可能"的解答不仅要探寻教育知识生产的本体基础，还需深入考察生产要素和条件，将分析视线聚焦于具体的教育知识生产。教育知识生产即教育知识形式与内容耦合的过程①。知识"耦合"并不能自动发生，仅当具备一定条件时才得以进行，教育知识生产过程的研究可自教育学者、背景知识等生产条件分析始。

一　教育学者的蜕变

教育知识生产的首要条件是教育学者。没有一支教育学者队伍，要谈论教育知识生产是不可想象的。教育学者的形成不仅是个

---

①　本研究仅以教育学者的知识生产为研究对象。以此为研究对象，既因为笔者对这部分教育知识生产比较熟悉，又因为这部分教育知识的影响较大，作为研究对象更富意义。

体知识和技术的习得过程，还包括"学术共同体"和"学术代"
的归属和认同。

（一）从常人到教育学者

教育学者是教育知识耦合的主体性条件。作为专业人员，教育学
者源于常人又超越常人，超越常人之处首先在于其取得了知识生产者
身份。"知识生产者身份"是由教育知识社会赋予的，因此，一个常
人若从未参与教育知识社会，独自冥思苦想，是难以进行知识生产，
成为教育学者的。我们认为，"教育知识生产者"身份的获取是一系
列交往的过程，首先是与"周遭"教育知识社会的交往①。这是指与
教育知识生产者同在一个时空下进行交流、互动，教育学者的表情、
语言和沟通意向直接向这位"待入门"的常人呈现，实施"言传身
教"式影响的交往活动。"待入门"的常人在这种"面对面"的直接
交往中获益良多，既可由此获得坚定的知识信念，激发起崇高的学术
追求，以饱满的热情投入教育知识生产；又能习得教育知识生产的具
体技术，掌握知识文本的发表结构，学会一套容易为知识社会所接受
的表述方式；还能从此进入更为广阔的"共同"教育知识社会与
"前人"教育知识社会。"周遭"教育知识社会的交往，为一般常人
获取教育知识生产者身份提供了有力支持，但身份的获得最终有赖于
教育知识社会的承认。

"待入门"的常人在与"周遭"教育知识社会的交往时就已了
解"共同"教育知识社会的存在。与"周遭"教育知识社会不同，
"共同"教育知识社会虽然与"待入门"的常人处于同一时空，但
没有面对面的交流，他们往往只存在于周遭人群的话语之中。对于

---

① 此处的"'周遭'教育知识社会"以及下文的"'前人'教育知识社会""'共
同'教育知识社会"参考阿尔弗雷德·舒茨的"周遭世界""共同世界"以及"前人世
界"的观点。（［奥］阿尔弗雷德·舒茨：《社会世界的意义构成》，商务印书馆 2012 年
版，第四章）

"待入门"的常人而言，"共同"教育知识社会不过是一串或熟悉或陌生的名字而已，但无论如何，他不仅知道有这么一群人在从事着教育知识生产，而且还密切地关注他们的知识成果。在与"共同"教育知识社会的交往中，"待入门"常人可了解时新的教育观点，可学习教育知识的语言表述方式、逻辑论证方法，并可由此判断自己进行独立的教育知识生产还差些什么。"共同"教育知识社会向"待入门"常人展示教育知识生产的具体实践，极大地激发了其参与教育知识生产的欲望。他们虽然急切地想加入教育知识生产的行列，但是掌握"共同"教育知识社会的文献时却遇到了困难。他们发现要真正读懂知识文本并不容易，文本中掺杂了太多的其他学科知识，然而相比而言，更难的是提出自己的教育观点，因为他们还不具备教育学科的思维方式。

难以读懂"共同"教育知识社会的文本，迫使"待入门"常人学习"共同"教育知识社会所关注的其他学科知识，一段时期的知识储备将使这一问题迎刃而解。然而，更为麻烦的是如何像"共同"教育知识社会的成员一样提出自己的教育问题？我们认为，在常人和"共同"教育知识社会之间横亘着"前人"教育知识社会，正是"前人"教育知识社会日积月累的知识生产活动积淀形成了学科思维方式，不掌握这一方式难以提出真正的教育问题。这是更为困难的。因为从某种角度讲，学科思维既是不可教的，很难从"周遭"教育知识社会中获取，也是不显现的，不能从"共同"教育知识社会中直接摘取。教育学科思维只能从"前人"教育知识社会中，从历史上人们提出的一个又一个教育问题中，从教育问题的解答以及由此造成的教育知识历史中，反复揣摩而得。虽然"前人世界本质上就是已经结束、已经过去的"世界①，但作为一种教育知识社会，其提问方式已逐渐凝结成学科思维，其知识结论也成了

① ［奥］阿尔弗雷德·舒茨：《社会世界的意义构成》，商务印书馆 2012 年版，第270 页。

"共同"与"周遭"教育知识社会的共识。与"前人"教育知识社会对话，要求"待入门"常人理解前人提出问题的思维方式，了解其解决问题的历史进程，由此才能根据这一学科视角、循着前人的方向提出富有生产意义的教育问题。

"待入门"的常人通过与"周遭"教育知识社会的交往获得知识信念、习得生产技术，与"共同"教育知识社会的交往了解生产实践、掌握知识前沿，与"前人"教育知识社会的交往形成学科视角，然后以自己的教育知识生产成果参与教育知识社会的学术交流，教育学者身份最终得到确认。

（二）教育学者的学术共同体

教育学者在教育学术群体之中才能存在。此处的"在……之中"，不是对物体之间的物理关系的表述，例如不同于"水在杯子之中"的"在……之中"。教育学者与教育学术群体之间的关系，是一种人与世界的"在……之中"关系。"人乃是'融身'在世界之中，'依寓'于世界之中，世界乃是由于人的'在此'而对人揭示自己，展示自己"①。教育学者是"被抛"入教育学术群体中的知识主体。何谓"被抛"？"被抛"是海德格尔论述"此在"时所使用的一个术语，它指的是这样的一种关系，在这种关系中，A 包含着 B，且 A 先在于 B。因为 A 先在于 B，A 就能造就 B，但 B 又是构成 A 的因素，因此 B 又造就了 A。"被抛"关系实际上就是一种相互"造就"的关系。用"被抛"来形容教育学者的"间际"存在状态是比较贴切的。

"被抛"使教育学者之间呈现出广泛而深刻的关联，形成教育知识社会。怎样才能对教育知识社会进行合理分析呢？分析其实就是一种"分割"，分析教育知识社会就是对知识主体的社会关系进

---

① 张世英：《哲学导论》，北京大学出版社 2002 年版，第 7 页。

行理论分割。教育学者的社会关系包括纵向关系和横向关系。"纵向关系"是指一簇相互联系、渊源纠结的教育学者所构成的关系集，这种关系可称为"学术共同体"；"横向关系"是指同一时代教育学者由于共同的社会时代经历和文化理论感染所形成的具有明显"代"特征的关系集，这种关系可简称为"学术代"。

学术共同体主要表达如下几层含义。首先，教育学者的根基在于学术共同体。常人要成为教育学者，仅靠个体孤立的思考是难以企及的，须置身于某一学术共同体，吸收其知识生产的重叠基础，研习其生产出来的教育知识，并以此为起点进行理论空间和意义空间的生产。教育学者和共同体之间的关系表征了教育学术的群体生产和继承。教育学者从此背负一个学术共同体的共同使命。任何时候，教育学者都不是孤立的和个体性的，其学术身份中始终都含有共同体的要素。其次，共同体是教育学者与其他知识主体交往的中介。教育学者通常代表一个学术共同体与其他知识主体交往。例如在一个学术年会上，人们在互相介绍完自己的名字后，人们马上就会问："你是哪个学校的？""你是哪个研究单位的？"如果你是一个学生，人们会问："你的导师是谁？"很多时候，人们并不在乎"你是谁"，而更加在乎"你来自哪里"。最后，作为一个学术共同体，成员之间有着相似的风格。在学术共同体中领军人物的影响下，教育学者们在行文表达方面、关注的问题方面，甚至在行为举止方面，都会有略约的类似。

教育知识社会中存有多个学术共同体，虽然各共同体之间存在交往与互动，但基本上每个共同体都由有不同经历、关注不同领域的教育学者构成。教育学术共同体为教育知识的生产提供了社会基础。

（三）教育学者的"学术代"

教育学者的"学术代"现象指的是，教育知识社会中存在着新老交替，表现出一定的进步和发展的节律性。"代"现象不只是生物学意义的生命现象，更是一种社会现象①。这种社会现象具体表现为，各个时代的教育学者在关注对象、知识表述、学术风格等方面有明显差异。例如，在学术风格上，上一代教育学者对待知识的态度表现出严谨、刻板的风格，他们"只问耕耘，不问收获"；然而下一代教育学者可能将学术研究"快餐化"，强调"出名趁早"，不断地"出成果"。"学术代"现象总体表现为不同时代的教育学者在知识生产态度、文本风格甚至知识标准方面具有较大差异。

教育学者"学术代"现象缘于不同时代社会环境影响的结果。不同的时代对教育学者提出不同的要求和任务，触发教育学者进行相关的思考，这种思考同时也塑造了教育学者的不同学术气质和风格。例如，新中国成立前教育知识界对教育制度的探讨成了教育知识生产的兴奋中心，新中国成立后学界又热衷于"教育本质""教育规律"的探讨，兴奋中心发生了转移。相同的时代对教育学者提出了相同的理论问题和知识生产任务，迫使他们关注大致相同的理论著作，而相同范围的理论读物塑造了教育学者近似的思维方式和知识视角。例如伴随新中国成长起来的教育学者往往对马列主义著作、毛泽东选集等理论著作比较熟悉，然而，对当代的教育学者而言，为创建教育知识而阅读这样的理论著作的教育学者可能大大减少了。相同的社会经历，会触发一代学人对教育现象做出共同的思考和探索。当代的教育学者更多地热衷于西方哲学、社会学、人类学理论。这种带有共同倾向的选择使其形成新的"学术代"特征，并逐渐与上一代教育学者区别开来。

教育学者"学术代"现象的知识生产后果。教育学者的"学

---

① ［德］卡尔·曼海姆：《卡尔·曼海姆精粹》，南京大学出版社2002年版，第80页。

术代"现象就像生物意义上的"代"现象一样,既促进了教育知识社会的新陈代谢,为教育知识的生产与发展带来了益处,也为教育学术交流带来了不便。一方面,"学术代"现象的存在为打破教育知识的绝对性和永恒性提供了社会基础。如果以"社会停滞"为假设,人们就会以为看到了永恒的东西,产生一种绝对知识的幻象。由于"代"现象的存在打破了"社会停滞"的假设,促使教育知识变得多元化了。另一方面,"学术代"现象的存在也为"代"际交流带来了隔阂。同一代的教育学者会因为其他人阅读了某一本理论专著而自己没读变得焦急不安,而对于不同"代"的教育学者,他们对此则不以为然。而正是这种"不以为然"导致了他们不会去关注不同学术代所阅读的理论,更加不可能利用这些理论。这就造成一种"隔阂",这种隔阂表现为,老一代教育学者对新一代教育学者所表述的知识文本不认同、不理解,甚至有时达到"不知所云"的地步。

这种隔阂使老一代教育学者对一些"新词汇"异常不满。他们用"不懂"来表达这种不满。其实老一代教育学者并不会真正认为自己"不懂","不懂"是老一代学者对新一代学者的一种批判。他们必然不会完全接受新一代教育学者的研究方式,认可他们的研究成果。当代的学术状态及其成就对于老一代学者来说,仍然是"力所能及的范围之内"①,在他们看来,只要他们愿意,他们就能生产出更好的意义空间。因此"不懂"是"隔阂"的体现,是对新一代教育知识主体生产方式的拒斥和知识品质的质疑。

二　背景知识的产生

背景知识是教育知识生产不可或缺的又一条件。缺少背景知

---

① ［德］阿尔弗雷德·许茨:《社会实在问题》,华夏出版社 2001 年版,第 403 页。

识，教育知识主体、知识社会的形成就是一个虚假的论题，教育知识生产也将变得毫无专业性可言。那么，什么是背景知识？它是怎样被筛选出来的？它的发展演变有些什么特点？诸问题有待深究。

（一）背景知识的意义

背景知识对教育知识生产、对"形式"与"内容"的耦合具有十分重要的意义。"背景知识"是波普尔（Karl Popper）从科学哲学角度提出的术语，他指出：

> 讨论问题时我们总是承认（但愿只是暂时地）各种不成问题的东西，它们暂时地并且针对讨论这个特定问题而构成我称之为背景知识的东西。在我们看来，这种背景知识很少有始终绝对不成问题的，它的任何一部分在任何时候都可能受到挑战……①

波普尔敏锐地觉察到，科学研究中常常存在一些很多人都默认的知识，这部分知识并不受到人们的怀疑。然而，背景知识概念本身与其"证伪"思想是相矛盾的，因此不得不对背景知识的含义做出种种限定。本书的背景知识概念内涵与波普尔的理解大体一致，差别仅在于，背景知识指的是集体知识主体的共享知识，它是知识主体在进行知识耦合时预先认同的不作反思的教育知识。

"不作反思"不同于"不成问题"。波普尔为了将背景知识的确定性和"批判性"观点调和，他对"不成问题"加上了"暂时性"，这虽然使"批判"观点得到保护，但背景知识的含义却违背了其本身的意旨。我们对背景知识的理解，从"不成问题"转向"不作反思"，这样，背景知识就成了教育学者预先接受的教育知

---

① ［英］卡尔·波普尔：《猜想与反驳——科学知识的增长》，上海译文出版社1986年版，第340页。

识，是教育知识社会共同的知识假设。背景知识作为一种知识假设，并不具有永恒和绝对的正确性。然而，作为教育知识社会的背景知识，它要求教育学者对其不作反思，一旦出现多数教育学者反思和批判背景知识，就意味着教育知识生产陷入困境，生产范式将发生转型。背景知识是教育知识社会的公共知识，它并非"不成问题"，只是获得了学术群体的信任而在一定时期不被反思和批判。

背景知识具有如下两方面至关重要的意义，其一，背景知识是教育知识创新的沃土。背景知识为教育学者提供了对话与交流的条件，并为教育知识的社会论证提供了基础。一种背景知识可为人们认识教育现象打开一扇视窗，促使教育知识社会形成认识意向。没有背景知识，人们对教育的认识会出现随机性和盲目性，不能将认识活动集中起来，也就不能创造出具有爆发力的教育知识体系。此外，背景知识与前已述及的学术群体的教育观念、意义空间的硬核相互联系，为教育观念与意义空间的硬核提供了一种信任基础，"信任基础"是一种比"论证证据"更重要的知识基础。背景知识来源于教育观念，但其总是力图超越群体的界限，建立教育知识社会共同的信任基础。教育学者的教育观点能否为学术群体接受为教育观念，首要条件便是不能与背景知识相悖；意义空间的"扩展"部分能否被吸收为硬核，也需要背景知识提供深度支持。

其二，背景知识不仅是教育知识的生产基础，也是教育学者自身再生产的基础。教育主体通过学习大量教育观念，自觉地分享知识社会的生产假设，逐渐从常人成为教育学者。因此背景知识是教育学者的思想之父，无论他在教育学术道路上能走多远，对于最初所分享的背景知识总是难以忘记的观念①。这部分教育知识已深入到教育学者的无意识深处。然而，颇值得玩味的是，教育学者大多对背景知识持有一种矛盾心态，一方面在努力地使自己的教育观点

---

① 项贤明：《泛教育论——广义教育学的初步探索》，山西教育出版社 2004 年版，"后记"。

转变成学术群体的教育观念过程中，不断使用背景知识，使自己不断受到思想之父的肯定；另一方面又时常冒出一种"谋杀"背景知识的心理欲望，在思想的成长中表现出"弑父"的心理情结。一旦教育学者得出一个与背景知识相悖的观点，通常狂喜不已，努力求证以推翻背景知识。

综上，背景知识具有上述两方面的意义，其一，它是教育知识创新，是个体教育观点的母液和酵素，并为教育知识生产提供了信任基础；其二，它还是教育学者的思想之父，助使一个常人逐渐变成一名教育学者。

（二）背景知识的筛选

要进一步认识背景知识，有必要将它与教育常识、教育基础知识等区分开来。背景知识不是教育常识，教育常识是常人所具有的对教育现象的一般性判断，为常人的教育活动提供一种行动指南（如是否应该送孩子入学；什么时候送孩子入学；应该怎样对待孩子撒谎等）。背景知识与之相异之处在于，它是教育知识主体的"理论常识"，为知识生产提供思想基础。背景知识也不是培养教师的教育基础知识，教育基础知识为教师提供一种实践方法，使教师在教育活动中知道按照什么程序进行教育活动是有效的；而背景知识是教育学者的公共知识，它为教育学者分析问题提供一种知识基础，为教育学者的反思和怀疑提供"不疑"的基础。教育知识社会如何形成背景知识？在背景知识的形成过程中，一些经典的教育学教材发挥了重要作用。例如我国教育学界长期流传的刘佛年主编的《教育学》，南京师范大学教育系编的《教育学》以及王道俊和王汉澜主编的《教育学》等促成了背景知识的形成，启动了我国当代的教育知识生产。

从上述背景知识来源举例看，它们几乎都是集体编著而成。背景知识的筛选是根据什么规则来进行的呢？是选择教育知识史上的那些接受了教育实践检验的"规律性"知识吗？背景知识的选择依据是"绝对正确性"吗？传统的"孤立—封闭"的知识观在此再一次碰壁。教育学界没有从教育知识史上选择那些经过实践检验的具有"规律"性质的教育知识，也不会将自己所选的教育知识认定为"规律"。从专题名称看，背景知识基本上全是当代社会所面临的教育问题，例如，"教育目的""学校教育制度""电化教学""智育"等。很多专题甚至是刚被教育学界讨论确定下来的，例如，"教育与人的发展""教育与社会的发展""教育的本质"等。筛选背景知识似乎并不遵循的"真理性"原则，否则就会注重教育知识史上那些经过教育实践检验的知识体系①。

　　背景知识的选择主体是教育学者。教育学者在选择背景知识的过程中，必须超越个体的教育观点，立足于教育知识社会建立一种共享知识②。不是任何教育学者都具有超越的眼光和勇气，都能完成这样一种知识构造任务。事实上有很多知识文本都力图建构背景知识，但被承认为背景知识的来源文本则寥寥无几。什么条件能使知识文本被接受为背景知识的来源？主持编著的教育知识主体的学术身份和学术经历是一个必要的条件，这个条件可以为知识文本获得信任提供支撑；群体核心人物的评价是另一重要条件，如果能获得某著名学者的认可，知识文本所载教育观念就很容易被接受为背景知识。当然，背景知识并不一定只由一本"教育学"文本奠定，也可能是由多个教育知识文本组成的，但一般而言它们之间在知识表述上并没有冲突和矛盾。背景知识的形成本身也是一个群体协作

　　① 在此，似有必要对背景知识与教育经典两者的知识生产意义进行比较分析。我们认为，背景知识来自现实社会，是经无数次重叠而形成的坚固的教育观念，是教育知识表层形式（即教育概念、命题）的基石。正是因为存在背景知识，我们才会对教育知识生产中使用的概念确信不疑。与此颇不相同的是，教育经典主要为教育知识的意义空间奠定基础。经典文献的理解与诠释，可大为加深某一理论空间的意义深度，从而极有助于教育知识内容的生产。
　　② 可以大致认为，立足于群体教育观念的知识体系为教育专著，而只有超越知识主体的知识体系才能成为背景知识。

的过程。

（三）背景知识的演变

背景知识是变化的，没有一种公共知识在人类教育知识史上永远处于不被反思的背景地位。背景知识的演变往往具有一定可辨认的模式。

背景知识的存在形态。研究背景知识的演变须先思考其存在形态，缺少存在形态的考察难以合理地揭示其演变的特点。我们认为，背景知识乃是以"信任点"的状态存在于教育学者的前意识当中。这一认识包含两个判断，一是背景知识存在于前意识当中，二是背景知识是以"信任点"形态存在的。对于第一个判断或许不难理解，因为背景知识既非当下的意识内容，又非无法意识到的内容，故处于前意识当中。难以理解的是第二个判断，即教育知识的"信任点"的存在形态。"信任点"的存在方式表明背景知识是非逻辑、非体系化的，它并非以一定逻辑秩序存在于教育学者的意识之中，当然"非逻辑"并非"反逻辑"，而且"信任点"的建立也需要借助逻辑的力量。"信任点"的存在方式还表明教育学者对背景知识的信任具有非理性的成分。背景知识在形成过程中已将逻辑力量转化成信念力量，从而借此避免进一步反思和追问。质言之，背景知识是分散在教育学者前意识中非反思、非逻辑的知识点。

背景知识演变的影响因素。对现状的否定推动着事物的运动变化，"演变"是一个否定过程。背景知识是教育学者在知识生产过程中"不作反思"的教育知识，由此，其发展和演变并非教育学者努力的结果，或者可以说，教育学者不能决定背景知识的演变。此外，由于背景知识本身的非逻辑性，因此其演变也不可能是理性力量使然。背景知识的演变缘于社会生活形式的转变。社会生活形式的变化改变了人与人之间的联结方式，进而改变了人的信念和价值体系，人们对以往确信不疑的东西现在变得有点"拿不准"，甚至根本不相信。在新的社会生活形式下，人们不得不根据新的信念体系选择和组建背景知识。社会生活形式的发展推动着背景知识的演变。不同社会生活形式下，人们所默认的背景知识并不相同。例如在一个社会认为，惟妙惟肖的模仿就是最好的教育，在另一个社会中却要求强制和灌输，而随着社会发展灌输又被认为不符人性应当被抛弃。教育知识本身具有的演绎逻辑并不能支配和主导背景知识的演变。

背景知识与教育知识的共变。教育知识的演进呈现出一种横向发展模式。以往人们从逻辑理性角度分析教育知识史，很难得出学界公认的能反映教育知识发展模式的专著，教育知识发展的横向模式是否对研究教育学史会有所启示呢？背景知识、教育知识以及社会生活形式的关系，它们之间的作用方式就像胶片式电影的放映一样，背景知识就如一片片胶片，转盘和驱动机制就是社会生活形式，而表现在人们眼前的画面就是教育知识。在社会形式的转动下，在处于前意识状态的背景知识的作用下，教育学者制造出一篇篇教育知识文本。简要分析，这个比喻或许有一定的启示性，例如对于观众而言胶片的不可见性与对于读者而言背景知识的不可见性，转盘的运行与社会形式的变化，可见的画面与可见的教育知识文本。但也有不恰当的地方，如电影画面本身的内在联系要远远大于不同社会形式下的教育知识之间的内在联系；又如电影画面有一个总设计者（编剧与导演），然而教育知识毕竟不是神话故事，它不追求一个既定目的，教育知识的发展没有也无需"总设计师"。追求内在逻辑、人格目的的教育知识史是很难让人满意的。

三　教育问题与知识生产

一般而言，教育知识生产总是体现在解决具体的教育问题过程之中，没有教育问题生产就无从进行。教育问题是教育知识生产的必要条件。从知识社会学角度分析教育问题的形成与解答，有助于揭示教育知识的生产过程。

（一）重新理解"教育问题"

"问题"是推动科学发展的重要因素，教育问题作为教育知识生产的直接对象受到学界的高度重视①。可以说，一个时代的教育知识生产就是围绕着几个重大教育问题进行的知识生产。教育问题为什么会对教育知识产生如此重要的作用，以至于成为推动教育知识生产的强大动力？运用"间际—开放"框架分析教育问题可一定程度予以解释。

"间际—开放"分析框架下，"理解"就是将未知事物与已知事物、熟悉事物相联系的过程。处于绝对孤立状态的事物由于缺乏理解"中介"，连表述它的概念都难以找到，是不可能被理解的。对陌生概念的理解总是先寻找与其相近而又易于理解的概念，然后用比较熟悉的概念去解释那个陌生概念的内涵。这是一种诠释方法，也是一种基本的理解方式。但是，由于概念之间总存在着差异，因此任何理解都会发生意义的转变，每一次理解都是对意义的一次尝试性建构。

根据上述"理解"方式，分析教育问题应找一个相近概念，并通过二者的联系来完成理解。我们认为，理解"教育问题"可借助"教育命题"概念，两者的联系在于，教育问题是未完成的教育命题。教育命题表达一种可能的教育事实的建构方案，教育问题则集中体现了教育学者建构一种可能的教育事实的努力。从内在结构上看，教育命题内含两个或两个以上教育概念及其联结方式，通常包括陈述对象（两个以上的教育概念），对象关系（用"是""应是"等来表达）。教育问题是内在构成不完善的教育命题，它要么缺少

① ［日］大河内一男等：《教育学的理论问题》，教育科学出版社1984年版，第5页。

"关系"项，例如"教育者与受教育者之间是什么关系?"，要么缺少对象概念，例如"教育的功能是什么?"。教育问题就像一个未能封口的箱子，缺少的要素正好将其"封锁"成完整的命题。

教育问题的另一个重要来源为教育意义的流失。教育知识的意义空间具有流动性，不是一个恒定的"空间"，它的总体趋势是随着时代的发展不断萎缩、流失。教育意义的流失表征为，一个教育命题虽然仍流行于教育生活中，成为教育交流的内容，但已不具有教育知识命题的意义，而遭到任意的解读。也就是说，教育命题所建议的教育事实发生了，但是事实本身的根基却不见了，因此被沦为任意评说的对象。当前，教育意义流失的现象不容忽视，日常教育生活中经常出现缺少教育意义的概念、命题。例如，"实验学校""实验小学""实验幼儿园"等一系列的教育概念，由其构成的命题仍然活跃于教育生活中，然而这些教育概念除了具有形式外，已经没有实质性的教育意义了。又如，"惩罚""管束"概念，教育学者很少从教育知识角度去建构此概念的意义，而是跟随社会大众的态度进行解读。教育意义流失造成的教育问题就像一个倒在地上的箱子，已经变得扁平，并被随意踩踏。

比较两类问题，前者由知识形式的缺省而成为教育问题，可称为"缺省型"教育问题；后者由教育意义的流失而成为教育问题，问题的解决需要教育学者对知识形式重新诠释，可称为"重释型"教育问题。缺省型教育问题比较明显，容易为教育学者所注意，进而成为其直接的研究对象；重释型教育问题则比较隐蔽，不易发现并成为教育学者的研究对象。缺省型教育问题的解决将导致新的教育命题的形成，能助教育学者更快取得学术成果、获得声誉，因此教育学者大多都选择缺省型教育问题为研究对象。与此相比，重释型教育问题的解决需要教育学者对教育知识传统的继承，通过艰苦的文献爬梳才能重新建立丰厚的教育意义，因此对解答者素质要求更好，而且对于解答没有一个成功与否的判断标准，难以给教育学者带来利益。因此，重释型教育问题时常受到冷落，被教育学者有意无意忽视。忽视重释型教育问题将导致教育命题被任意理解，使任何人都能进行"想当然"的诠释，教育知识越来越不具有专业性，进而深陷困境。

教育问题一旦成为教育学者的研究对象，教育学者就会不停地尝试填补教育问题的缺项，或者将流失了意义的教育命题纳入新的社会生活考察，重新获得教育意义。任何一种尝试都伴随着一种新的理论空间的生成，并蕴含一种新的教育意义的初步展现，教育学者为此兴奋不已。由于教育问题与教育知识形式、内容相联系，其解决对教育知识生产具有重大意义。

（二）教育问题的社会建构

前文将教育问题分为缺省型与重释型两类。缺省型教育问题缘于社会发展不断为教育生活提供新的材料，这些新材料既丰富了教育生活，又使原本连续的教育知识出现了断裂和缺口，打破了教育生活的平静。教育学者的职责在于，填补已有知识的缺口，促使教育生活协调、有序地进行。缺省型教育问题本来是教育生活与社会生活的互动而产生的，然而，当前大多缺省型教育问题并非来自社会生活，而是从其他学科的知识陈述中，直接引用过来对已有教育知识发问。这种问题产生的方式有其合理性，但由此而来的教育问题是由知识形式引发的教育问题，教育学者在解决这样的问题时，往往急功近利忙于知识形式的创新，忽视意义空间的重叠。

重释型教育问题不同于缺省型教育问题，缺省型教育问题的产生需要社会为教育学者提供一个新的教育性事物，教育知识要观照这个新事物就须在原有的知识体系中撕开裂口，产生一种理解状态的缺省。重释型教育问题是由于旧有的教育命题需要重新阐释而成为教育问题。重释型问题的产生，缘于社会生活形式的转变促使教育知识意义空间的流失、萎缩，这就要求教育学者重新阐释教育命

155

题，赋予其与社会生活形式相适应的教育意义。历史的教育命题只有经过重新阐释才能在现实的教育交流中发挥作用，确保教育生活的正常运行。由此，重释型教育问题在知识形式上并无缺项，这类问题使教育知识在完整形式的掩饰下，知识的根基却不断地受到腐蚀。"重释"便是对教育知识的教育意义的重新塑造，建立教育命题的根基。

综上，缺省型与重释型教育问题的产生都离不开社会生活形式本身的发展。正是社会生活本身的变化打破了教育知识的平静，为教育知识的创新提供了一种理智的张力。当然，教育问题的产生也离不开教育学者的努力，需要教育学者体悟并表达出来。尽管如此，教育问题本身并不是个人性的，真正的教育问题一经提出，便立即会得到其他教育学者的认同，产生一种强烈的知识创造欲望的共鸣。社会性是教育问题的基本属性，也是判断"教育问题"是否是一个"真问题"的必要的条件[1]，与之相对，"假问题"则是纯粹的私人性的问题[2]。

（三）教育问题的解答特性

根据"间际—开放"框架，教育问题的解答则并非一次性的，具有非完满性、非唯一性与非终结性。有一个比较漫长的"验证"过程。

教育问题的解答具有非完满性。教育问题是教育知识不断创新的源泉，寻求教育问题的解答是教育学者的职责所在。但是对一个问题的解答到底是否成功，从解答中是否产生新的教育知识？评判主体不应当是解答者本身，而是教育知识社会。于是，经常出现这

---

[1] 吴康宁：《教育研究应研究什么样的"问题"——兼谈"真"问题的判断标准》，《教育研究》2002 年第 11 期。

[2] 当然，这种判断标准也不能绝对化，很有可能出现这种情况，即问题虽是教育学者私人性问题，但由于其个人的学术权威，也可能受到不少人关注。可见，评价一个教育问题是否是真问题是需要经过一段时间的检验。

样一种情况，对于一个问题的解答被一个学术群体所认可，但是却遭到另一个学术群体的反对，很难得到所有教育学者的认同，始终处于一种非完满性状态。应如何看待教育问题解答的非完满性？如果因为教育问题的解答是非完满性的，就消极地认为教育问题是无意义的，进而反对教育问题的解答对教育知识的创新的贡献，教育知识生产就会寸步难行。一种合理的态度或许是，接受教育问题解答的非完满性，不对教育问题的解答提出过高要求，允许各种解答方案之间相互交流，如此，教育知识生产才能真正运转起来。

教育问题的解答具有非唯一性。即使接受问题解答的非完满性，并不会就此相安无事，还存在着一个更为严重的困扰。教育问题的解答经常出现同一个问题具有截然不同的解答，而且不同的解答都能运用于教育生活。对于这种现象应当作何解释？传统"孤立—封闭"框架认为，一个教育问题只能有一种解答，各种解答之间非此即彼，必定存在错误和正确之分野。由此造成了教育知识生产中的许多历史性争端，例如"教师中心论"与"学生中心论"之争，教育目的的"个人取向"与"社会取向"之争，等等，似乎应当有一个结论。然而实际的教育知识生产中却并无孰是孰非的定论。根据"间际—开放"框架的理解，以上争端各有其借以立足的社会基础，教育问题的解答并不具有唯一性。各种解答虽然没有绝对的正误之分，但仍有优劣之别。各种观点孰优孰劣，可从其在教育知识生产中是否受信任、被使用，更加与社会生活形式相契合，在教育生活中是否能发挥引领作用等方面区分高下。教育问题解答的非唯一性打破了绝对论教育知识观的理论设想。

教育问题的解答具有非终结性。教育问题的解答与评判受社会生活形式的影响，在一种社会生活形式中，某一问题的解答被认为完结性的、不可置疑的，然而在另一社会生活形式下，人们对同样的解答可能会做出不同的判断。很多问题都被不同时代的人们反复

地思考着。最典型的问题是"教育是什么"？谁能给这个问题提供
一个终结性的解答呢？问题解答的非终结性其实并非教育问题独有
的性质，科学问题的解答也具有非终结性①。从知识社会学角度看，
问题解答的非终结性说明人类的社会生活具有多种可能性，并没有
固定不变、永恒的生活形式。由此，有必要重新认识教育问题的解
答与验证的关系。一般而言，人们往往只重视教育问题的解答，对
解答结论的验证多受到忽视。根据教育问题解答的"非终结性"，
解答过程本身不过是一次解题尝试，然而这种尝试是否成功、是否
有意义更为关键的在于验证。验证包括对解答结论（教育命题）的
使用、诠释等。

值得注意的是，教育问题的回答是否表现出逐渐趋近完满、唯
一和终结呢？我们认为不能做出这样的判断，原因是难以找到一条
完满、唯一和终结性的判断标准，从知识社会学角度也拒绝承认有
这样的标准。

四　教育知识的耦合过程

教育知识生产，即教育知识形式与内容的耦合，既表现为知识
形式与意义空间的耦合，也反映于教育问题的解决过程。由于教育
问题与教育知识的形式、内容都有密切联系，透过问题解决的分析
似能窥见教育知识形式与内容的耦合过程。

（一）教育知识耦合与教育问题解答

教育问题解答与教育知识耦合紧密联系，两者从不同角度分析
教育知识生产，所指对象一致，可相互解释。

教育知识耦合与教育问题解答所指相同。教育问题可看作不完

---

① ［美］拉里·劳丹：《进步及其问题——科学增长理论刍议》，上海译文出版社
1991 年版，第 19 页。

整的教育命题，或者是缺乏意义的教育命题，与教育知识的形式、内容有着密切联系①。教育问题的解决包括教育命题的补充、教育命题的论证、教育命题的验证（解读、诠释）②，其中，教育命题的补充表现为教育知识形式的生产，教育命题的论证表现为教育知识理论空间的建构，教育命题的验证则表现为教育知识意义空间的拓展。由此可见，教育问题的解决实际上就是教育知识形式与内容的耦合的具体过程，"教育问题的解答"与"教育知识形式与内容的耦合"是从不同角度对教育知识生产的不同表述。两者相同之处构成了它们互相解释的重要条件之一。

　　教育知识耦合与教育问题解答视角相异。"差异"是问题解答与知识耦合构成解释关系的另一重要条件，没有"差异"两者完全等同，就无所谓"解释"和"被解释"了。问题解答与知识耦合存在着分析视角的差异。知识耦合着眼于知识的内在构造分析，从理论抽象的视角解读教育知识生产过程；问题解答则着眼于知识的生成现场分析，从微观具体的视角考察教育知识生产过程。正是由于问题解答与知识耦合在分析视角上存在着差异，而两者所指又皆为教育知识生产过程，因此通过问题解答可以诠释知识耦合过程。加之，教育问题解答是教育学者时常进行的知识生产事件，解答过程为其熟悉，以教育问题的解答环节来分析教育知识的耦合过程就更为可行。要言之，对教育问题解答过程的描述构成了对教育知识耦合过程的一种诠释；对教育知识耦合过程的诠释又深化了教育问题解答的理解。

---

　　① 从问题解决的实际过程看，缺省型问题与重释型问题的解决没有本质区别。只不过前者须先补充教育知识的命题表述，知识形式方面的工作比较显见，后者并无明显的知识形式方面的创建，但其解决也通常要先梳理教育命题的产生与演变，并非全无知识形式方面的工作。比较而言，缺省型问题的解决过程更为完整，因此本节的分析主要以此类问题的解决为范型。

　　② 从生产实践讲，应当先"补充"再"论证"。命题未能补充则论证无从开始，无法着笔。但从知识表述讲，则是论证在前结论（即"补充"）在后。知识生产过程与知识表述逻辑两者不尽相同。

通过"教育知识耦合"深化理解教育问题的解答过程。教育问题解答大致包括如下环节：首先，完成教育知识的形式创新。解答者将教育问题"填充"成一个新的教育命题，或者根据一个新观点对某教育命题进行创造性的理解和重述。新的教育知识形式未必能顺利投入教育生活，因此解答者必须对新的教育知识形式的形成予以说明，这就进入了教育问题解答的第二环节，即创建理论空间。在此环节，解答者运用教育观念对新教育命题进行论证。随着论证的展开和结束，一个新的理论空间构造完毕。教育命题的论证过程和理论空间的制造过程实际上是同一的，循着论证逻辑的逐渐展开，同时就会为读者呈现出充满教育命题的理论空间。理论空间构造完毕，教育问题的解答进入第三环节，在此环节解答者从多个角度对新形成的教育命题进行验证。验证方式有，通过诠释理解教育命题的丰富的意义，通过使用验证新命题与其他教育命题之间的融合程度，通过引用促成教育命题向教育观念转化，等等。验证的实质是理论空间的重叠，旨在建立教育知识的意义空间，保证教育问题解答的富含意义与理性。概括之，教育问题的解答包括三个环节：一是教育观点的创新，二是理论空间的生成，三是意义空间的建构。

以上尝试通过"教育知识耦合"来诠释"教育问题解答"，下面我们将反过来通过对"教育问题解答"的拆解和描述来分析"教育知识耦合"的具体过程。

（二）问题的"立体化"

教育学者解答教育问题的过程就是教育知识的耦合过程，分析教育学者如何解题有利于理解教育知识的耦合。教育问题解答过程大致包括问题的"立体化"阐释、问题的"填充""封锁"与命题的"黑箱化"。

教育知识耦合的"开端"的主要工作是对教育问题的陈述和解

读。耦合前，教育学者通常要陈述所要解答的教育问题。这并不只是将教育问题表述一遍，若止于此则根本无法表明其问题何在，难以让人产生共鸣。问题的陈述是将各教育要素组织起来，感受"命题的缺省项是什么"或"意义空间的流失状态"。同时，教育学者还要着力表明这个问题不是表述者的私人问题，而且具有解决的可能，等等。没有这些交代，教育问题是否具有知识生产的能力就不明了，无法邀请教育知识社会参与生产。教育学者在知识耦合前的问题"立体化"包括，交代选题缘由，描述问题背景，以及界定主要概念。

　　先论选题缘由与问题背景。选题缘由主要叙述教育学者和问题，以及学术群体和问题的关系。教育学者和问题的关系表明，教育学者如何在教育生活中发现了该问题，这个教育问题的解决将具有什么意义，为什么教育学者要迫切地解答这个教育问题，等等。学术群体和问题的关系表明，这一问题不是研究者的私人问题，而是学界共同面临的问题，因此值得学界共同关注和探索。通过对这两层关系的阐述，该教育问题的学术意义与解答的迫切性就自然凸显出来了。那么，这个问题的解答是可能的吗？人们大致不会对一个不可能的问题投入精力。回答这一问题，就需要描述教育问题的产生以及已有解答状况，此即问题背景。问题解答的可能性就存在于问题背景中。问题背景的交代使由概念组成的"平面化"的教育问题变成具有历史深度的"立体化"的教育问题。

　　再谈教育问题所含的教育概念。教育学者"阐释"教育问题通常要对问题中的教育概念进行"规定性"界定。经过一番界定，教育问题就不再是乏义的、平面化的概念组合，而变成富有内涵，立体化的问题空间。只有立体化的问题空间才能容纳教育学者的论述。例如，"教育的功能是什么？"面对这一问题，如不对其中的"教育""功能"进行界定，问题解答就会像做填字游戏，很难得出有学术意义的答案。教育学者解答之前，对"教育""功能"的含义进行界定，通过界定建立起问题空间，界定完毕，"教育的功能是什么"就能容下教育学者的进一步论述。教育概念的界定对知识耦合意义重大，通过概念界定，教育学者将问题陈述转变为问题空间，教育概念的界定开启了教育知识耦合的航程。当研究者面临一个新的教育问题时，基本概念的界定则更加重要，此时的概念界定不仅要将问题"立体化"，建构问题空间，而且还要通过概念界定标明问题的真实性与合法性。

整理一下知识耦合的开端工作。教育知识耦合的首要工作是"阐释问题"，这一工作可进一步概括为教育问题的"立体化"。教育知识形式与内容的耦合，须先将具有缺陷的教育知识"立体化"，变成能容纳意义的"问题空间"。"选题缘由"为研究的合理性提供辩护；"问题背景"将教育问题从"平面"词句组合变成蕴含历史的"立体化"的问题；"概念界定"又进一步对教育问题"立体化"，将"问题陈述"转变为"问题空间"，为意义的植入奠下基础。当然，实际解题过程中，并不是每一次教育知识耦合都要执行严格的"立体化"，而且"立体化"通常是为学术群体中某一人完成的，但此人未必是解题者本人。但是，从理论上探讨教育知识耦合过程，教育问题的"立体化"确是不可或缺的首要环节，缺少教育问题"立体化"步骤，就无法进行进一步的理论阐述。提出教育观点，教育学者须先拓开一片问题空间，这样就相当于将一个被踩平了的物品箱重新"竖立"起来，使其成为能盛装思想的"理论之箱"。

教育问题的"立体化"是知识耦合的第一步，经过这一步后，还需要采取哪些步骤才能达到知识耦合的目的？知识主体如何将耦合的知识变成一种群体观念，实现真正的教育知识生产？这便是知识耦合的第二步工作。

（三）问题的"填充"与理论的"成形"

教育学者完成"问题阐释"后，就正式进入"解题过程"。"解题过程"包括问题解答与解题结论，是教育知识生产的重要工作。教育学者通过"解题过程"建立起理论空间，初步完成教育知识形式的生产。

教育问题的解答与论证，即教育学者紧接教育概念"立体化"之后所进行的对问题空间的"填充"。"填充"，乃是理论空间的搭建。说理论空间的生产是"填充"是因为，"解答和论证"是在问题空间所支撑的"理论之箱"中进行的，"解答和论证"的结束意味着"理论之箱"的充盈。诚如已言，教育学者的"填充"工作并不是个体化的心智活动，填充活动的成功是一个群体的理智努力。特别是当代的教育知识耦合，个体有必要借助其他教育知识生产者的智慧，借助群体的教育观念才能使所建立起来的理论空间得到信任和认同。"填充"活动的群体特性可以通过参考文献、注释等细节来辨别。一旦教育知识主体不尊重其他生产者的知识成果，例如抄袭其他人理论，或不加注释地引用等都将受到责难。当代教育知识的耦合越来越表现出一种群体协作的特性。

经过充分的解答和论证，教育问题研究进入"结论"阶段。在此阶段，教育学者主要工作是补充教育问题的"缺省"项（缺省型问题），或者调整或重述已有的教育命题（重释型问题），提交蕴含教育观点的教育命题。"缺省"的"补充"或命题的"重述"意味着理论空间的成形，即通过"结论"将问题空间所容纳的教育概念和命题联系起来形成理论空间。"成形"环节最终反映在知识标题的确立，是理论空间建构成功的关键环节，也是知识文本生产完毕的标志。

"填充"和"成形"共同构成教育知识形式生产。比较这两个耦合过程，"填充"是教育知识耦合的较具知识生产性质的过程，一定程度上决定着教育知识的生产和创新被认同的程度。试想，作为一个教育学者，每个人对教育现象都有一定程度的思考，不可能要求教育学者放弃自己的"前见"接受一个全新的教育命题。他们首先会以自己的教育观点批判性地审视新的教育命题，"填充"的质量关系到理论空间是否能与其他教育学者的"前见"相融通，"融通"状态又关系到新的理论空间能否被接受，能否激发其他教育学者参与理论空间的重叠。新的教育知识要获得其他教育学者的信任，必须通过理论空间实现新旧教育知识的融合，促进新教育知识更快地被教育知识社会所接受。新旧教育知识的融合的重要手段是运用教育观念论证教育观点，促进教育观点的社会化。当然，重视"填充"不应当忽略"成形"。虽然相比"填充"，"成形"是一个较简单和容易的过程，它甚至是由教育学者预先构想出来的，只不过随着论证的展开有所改变而已。但就是这个简单的"成形"，使得教育知识的理论空间最终建立成功，使教育知识形式被完整地生产和构建出来了。

（四）命题的"黑箱化"

教育学者通过"解题过程"将教育问题转化成教育命题，但教育命题并不能通过一次解题论证就完全确立下来，还需要教育学者与学术群体的使用（引用、诠释）不断加以验证。教育命题的验证过程就是意义空间的形成过程。

教育命题的验证与意义空间的生成。教育问题解答完毕，解答者还需对解答的结果进行验证，将问题解答产生的教育命题投入教育生活（注：包括理论研究和实践活动），根据教育生活的变化状态反复调整教育命题。也就是说，知识的耦合通过"填充"和"成形"环节建立起理论空间，这仅只完成了知识文本的生产，理论空间所蕴含的意义空间还十分微弱，因此知识的耦合还需进入新的环节以实现意义空间的生产。在新的环节中，教育学者努力推动教育观点进入教育交流，成为群体教育主体所使用的教育观念，此环节的主要方法是"重叠"。通过"重叠"，盛装教育观点的"理论之箱"逐渐变成盛装教育观念的"黑箱"；"理论之箱"的理论空间逐渐变成"黑箱"中的意义空间。

意义空间的转变过程。通过"填充"与"成形"，教育学者生产出理论空间，通过对理论空间的重叠，意义空间逐渐变得丰满；理论空间则与之相反，在重叠的过程中逐渐遭到压缩。这是因为，经过重叠之后，教育命题之间的知识论证变得明白易晓，教育命题之间的联结就被认为是理所当然，由此可省却大量的知识论证。理论空间的压缩以意义空间的扩张为代偿。由此可确证意义空间生产的几个特点，其一，意义空间的生成不是某一知识文本独立完成的，它是一系列知识文本支撑起来的，一个知识文本只能生产理论空间，但不能完成意义空间的生产。其二，意义空间的生产不是解题过程，也非论证过程，而是理论空间的重叠过程。其三，理论空间与意义空间的区别在于，理论空间的生产随文本完成而结束，意义空间的生产是一个持续诠释序列，没有一个固定的完结时期。

意义空间的生产将导致教育知识的"黑箱化"。"黑箱"概念是系统论里面的一个重要术语，此处借用过来表示教育知识生产中所存在的这么一种现象，即教育知识中总有许多知识是不用思考其为什么正确的，教育学者总是不假思索地使用这些知识，一旦使用这些知识就能增强其教育观点的可信度。什么是教育知识的"黑箱化"？一言以蔽之，"黑箱化"就是指将"理论之箱"变成一个不被置疑的"真理之箱"，流传到教育知识生产当中，流传到意义空间的"重叠"之中。这样的教育知识就是教育学术群体共同使用的教育观念，也有可能成为教育知识社会共享的背景知识。它就像一个已经封闭好的"黑箱"，知识主体只需使用这个"黑箱"而不必把黑箱里面的结构搞清楚。

教育知识的"黑箱化"即理论空间的压缩。在重叠过程中，理论空间将会不断被压缩，执行一种"递减性重叠"，通过这种重叠教育知识实现"黑箱化"，意义空间则执行"递增性重叠"，通过重叠逐渐丰厚。在递减性重叠过程中，理论空间逐渐被压缩进纲领性命题之中。"黑箱化"为知识生产节约智力资源，对教育知识发展颇有意义。试想，如果无法进行"黑箱化"，那么，每一个教育命题的论证过程都要牢记于大脑，否则就不会相信任何教育命题，这必然会浪费很多智力资源。通过"黑箱化"环节，通过掌握教育命题的形式就不仅能获得一种判断，而且还能获得支撑这个判断的理论空间。

理论空间的压缩与意义空间的丰满，意义空间的生产与教育知识的"黑箱化"，二者并非巧合联系在一起的。作为"真理之箱"的"黑箱"正是盛装意义空间的容器。如此，不断压缩的"黑箱"反而能容纳不断丰富的意义空间。正如杜威的"教育即生活""教育即生长""教育即经验的改造"，形式多么简洁，意义多么丰富！

第六章　超越当代教育知识的困境

我们已经完成对教育知识生产的社会学考察，临近结束，反顾自身进行一番理论审查或许不无益处。理论审查可从两方面进行：其一，反思和质疑本研究在逻辑演绎和理论建构上的适当性；其二，考察研究结论是否能对本书提出的问题——"皮亚杰问题"——的解决有所启发和建树。前者自有学界同仁的严肃批评来完成，后者的审查不同于前者，它既是对理论效度的检验，也是对理论可信性的自我证明，可归为理论建构的一部分。作为结尾部分，本章拟运用前文的研究结论观照教育知识困境，以期为解释和超越困境提供些许启发。

一　当代教育知识困境探源

突破和超越教育知识困境，须先对困境的缘由提出深刻独到的理论解释。据前文结论分析，教育知识困境大致缘于教育知识的深层形式未确定，意义空间的平面化以及教育理想的缺失。

（一）深层形式的未确定

我们知道，教育知识的形式包括表层形式和深层形式，其中表层形式构成教育知识文本，深层形式是教育知识隐秘而沉稳的组织规则。已有对教育知识困境的探讨大多仅及于教育概念、命题的表述和逻辑体系的创建，止于表层形式的精致化。教育知识的表层形式依于深层形式，"深层形式"的问题才是教育知识困境的根源。探寻教育知识困境，应将视线聚焦于教育知识的深层形式。仅关注"表层形式"的建构，实际上并没有找到教育知识困境的症结。

讨论教育知识的"深层形式"，宜先考察当代社会的生活形式，尤其考察当代社会生活中"人的秩序"。"人的秩序"是构成教育知识"深层形式"的重要因素，检视当代"人的秩序"状态颇能揭示教育知识的生产困境。

近代以来，人们为摆脱依附社会，提出了以"理性""民主"构建"人的秩序"。自此，理性知识为生活与生产带来巨大改进，人类社会遂进入理性乐观主义时代。杜威创立的"民主主义教育"的知识文本，正是民主社会中"人的秩序"的教育知识表达。该文本从教育学角度为民主和自由生活进行论证，为人类的教育生活在新的"人的秩序"中的开展提出了很好的规划，受到知识界的高度重视。然而，正在人们为理性、民主而欢呼的时候，发生了人类历史上最为惨烈的悲剧，此即 20 世纪以来的两次世界大战和数次种族灭绝。民主社会所追求的现代性、所崇尚的理性成了人们质疑的对象。现代思想家大都表现出对绝对民主的怀疑，对理性的生活形式的拒斥态度。在批评中发现，人们赖以骄傲的"理性"竟然与"权力"相勾结，民主的形式仍然无法排除暴政的产生，民主社会与依附社会其实相去不远，甚至没有根本改变原有的"暴力""强制"的社会联结。

同时，民主社会的基本社会联结物——货币——在"金融危机""通货膨胀"之下逐渐失去信任基础。人们对通过"经济""货币"建立起来的理性社会失去信心，以往的社会秩序、标准现在被放在了思想的审判席上，社会生活逐渐滑向"无政府主义"的疯狂。我国的社会生活半个世纪以来经过了更为激烈的变化，人们从政治依附转向经济崇拜，社会控制从强制联结转向理性计算，并日益受到西方社会形式的深刻影响。社会联结处于强制、理性与非理性等多重矛盾之中。这种社会发展的悖谬也反映在教育生活当中。一方面，在教育思想上，人们抵制灌输的教学方法，反对教给学生标准答案；批判片面追求升学率，要求学生的全面发展；提倡学生的主体地位、鼓励学生合作学习。然而另一方面，在教育实践中，"权威"又不自觉地回到了中心位置，"标准"复成为教育目标，学生仍然安静而被动地倾听。

由于人们对理性的反动，当代社会已经成了一个"失控的世界"①。"失控的世界"恰好表明了社会生活形式处于一种动荡未定状态。人们对民主社会不满，但又未能建构出一种新的"人的秩序"。"人的秩序"的紊乱导致了教育知识的深层形式的缺失。社会生活是教育知识与教育生活的矛盾基础②。由于深层形式的缺失，教育实践与教育知识之间出现一种"错位"状态，两者各说各话，教育知识继续追求自己的知识理想，教育实践则遵从实际生活的法则。由于深层形式的缺失，教育知识生产方式难以确定，实证方法失去社会生活形式的支撑，理性的失落导致了个体主义的狂欢，于是，教育知识生产"怎么都行"③。由于深层形式的缺失，教育知

---

① ［英］安东尼·吉登斯：《失控的世界——全球化如何重塑我们的生活》，江西人民出版社 2001 年版，"引言"。

② 在哲学界辩证法研究领域，有学者探讨了矛盾的生成基础。该学者指出，"大量新事物的生成，都是由相互独立的两个事物共同作用于第三个事物的结果。这样，我们就可以把任何一个矛盾的生成简要地概括为一个'一生二'公式。这里的'一'是指第三个事物，这里的'二'就是我们常说的一个事物中矛盾的两个对立面。在这里，我们可以把这个'第三个事物'确定为矛盾的基础，即矛盾生成、发展和转化的基础"（陈书栋：《矛盾基础论》，河南人民出版社 2006 年版，第 13—14 页）。借此观点可启发我们对教育知识与教育实践这对矛盾的思考。以往的研究仅着眼于教育知识与教育实践矛盾的两端，研究策略总是囿于使矛盾两端相互转化。"矛盾基础论"启发我们思考教育知识与教育实践矛盾的生成基础是什么。我们认为，教育知识与教育实践的矛盾基础在于社会，依据在于，教育知识产生并作用于社会，教育实践本身就是对社会的塑造，因此两者共同作用于社会，两者的矛盾就是在其基础上产生的。随着社会的发展，教育知识与教育实践的矛盾也不断发展和转化。可见，教育知识与教育实践的矛盾状态并不是固定不变的，随着社会的变化矛盾也会呈现出不同样态。

③ 施铁如：《"怎么都行"——学校改革研究的后现代思考》，《教育研究与实验》2003 年第 2 期。

识失去了确定的组织方式，"逻辑"与"理性"已经难以确保教育知识获得信任，"经验"与"个性"又难以获得教育知识的身份，教育知识到底"如何可能"？

（二）意义空间的平面化

"深层形式"的不确定导致教育知识的生产困境，成为教育知识困境的根本缘由。教育知识要突破困境有赖于"深层形式"的确定。然而，当前教育知识已陷入价值与功能方面的多重困境，并不限于"生产"方面，如不探讨教育知识价值和功能困境，"皮亚杰问题"仍难解决。

教育知识的价值困境已经在各个方面显现出来。教育知识不仅被知识社会轻视，连教育学者对其学术性都表现出极大的不信任。价值困境危及教育学科的存亡，分析价值困境排除教育学的生存隐患已刻不容缓。已有研究从教育知识的形式探讨其价值困境，提出厘清教育概念、教育命题，寻找教育知识的逻辑起点，建立教育学的科学体系等策略。然而，教育知识的价值困境迄今仍无减轻之兆。值"山重水复疑无路"之际，不妨调转研究航向，从教育知识内容角度探讨教育知识的价值困境。循此研究思路发现，价值困境之症结在于，教育知识意义空间出现了严重"平面化"现象。什么是教育知识意义空间的"平面化"？"平面化"到底存在着什么样的隐患？为什么说"平面化"造成了教育知识的价值困境和危机？这些问题的探索和解答有利于揭开价值困境根由。

何谓意义空间的"平面化"？意义空间的"平面化"指的是，教育知识的形式突现为教育知识生产目的，人们追逐于教育概念和命题的创造，满足于理论空间的构建而忽略了意义空间的生产，致使教育知识成为缺乏内涵的概念和命题集合。意义空间的"平面化"使"理论之箱"泛滥，"真理之箱"匮乏。据前文所述，意义空间的"平面化"本是随社会发展表现出来的自然学术现象，也就是说，随着社会生活形式的转变，教育知识的意义空间本来就面临着流失和萎缩的危险，因此教育知识价值困境会随着时代的变迁而发作。教育知识的这一特性要求教育学者更加注重意义空间的生产。然而，当代教育学者不但不注重意义空间的建构，而且在知识生产的过程中还以教育知识的形式作为知识内容，妄图通过理论空间来造就学术繁荣，意义空间的生产几乎处于空场的状态。由此教育知识想不陷入学术困境也难了。

意义空间的"平面化"使教育知识文本缺乏论理深度。在意义空间"平面化"之后产生了一种幻象，那就是随便什么人都可生产教育知识，每个人都有其教育知识，教育知识失去了专业知识的权威性。在这种情况下，教育学者和其他学科研究者，甚至一般常人都能解读教育知识。教育知识毫无专业性可言，其存在的必要性自然受到质疑。至此不难发现，意义空间的"平面化"为何导致教育知识的价值困境？原因很简单，失去意义空间的教育命题，就只是些空洞的词句，这些词句的建构是不需要教育专业素养的，一般人也能根据常理"制造"出教育知识来。当代教育知识已深陷价值困境，一个象征性的事例是，对教育有一知半解的人便可妄称教育学家，随便学什么专业的人都能写教育论文。由是观之，教育知识的价值困境已到无以复加的地步了。

此外，当教育知识意义空间的"平面化"后，其他学科将"乘虚而入"，对教育现象进行一种"异化"性质的解读，使教育知识真正"成为其他学科的领地"了。其实，其他学科研究教育现象并不可怕，可怕的是当教育知识本身存在意义空间的"平面化"，因此不得不通过其他学科对教育知识的解读来填充"意义空间"，使教育学随时面临着改变名称的命运。可见，教育知识要摆脱价值困境，必须丰富、扩展自身的意义空间。只有重建起丰厚的意义空间，教育知识才能将其他学科知识融为自己的原料，变得更加具有解释力。届时，教育学便不惧其他学科的"入侵"了，因为它已具有与其他学科对话的意义基础。

（三）教育理想的缺失

通过"深层形式"和"意义空间"分析能一定程度解释教育知识的功能困境，然而，教育知识的功能与教育实践相关，因此功能困境的产生具有不同于其他困境的缘由，仍有必要专门分析。

教育知识的功能集中体现在其对教育实践的影响，具体反映于运用教育知识解决实际问题上。教育知识的功能困境意指教育实践群体对当前教育知识的整体性拒斥，实践者对教育学术群体自以为可靠的教育知识根本不信任。对此困境，切不能将其理解为，由于教育知识的可靠性尚未达到真理性知识的程度，因此不被教育实践群体接受。历史上实践功能发挥得好的教育知识，例如《普通教育学》，文本中无论是理论基础还是具体观点，很难说存在永恒性的教育真理；《民主主义与教育》作为教育知识，虽然不断受到各方面的批评，但其在教育实践中所发挥的巨大影响可以说鲜出其右者。上述教育知识文本为何能发挥出实践功能？既然教育知识的真理性已不构成对这个问题的解释，我们只有另觅原因了。

分析对教育实践产生了重大影响的知识文本，不难发现，实践功能的发挥有赖于教育知识本身为实践群体提供的可信性程度。只有那种极具可信性而能给教育者指明方向、拓宽视野、启迪智慧、鼓励变革的教育知识才能产生重大实践影响。这样的教育知识因其为教育实践提供了一幅美好的图景而使实践者不再满足于平庸的日常实践，进而掀起一场教育变革的风潮。《大教学论》提供了具有效率保障的教育实践方式，其构建的班级授课制的实践图景使实践者趋之若鹜；《爱弥儿》所设想的一种颇具浪漫性质的教育实验，促使人们自觉反思日常教育实践，不再将习以为常的实践方式看作是理所当然；《民主主义与教育》所构建的与民主社会生活相适应的教育实践方式，一时也成为人们进行教育改革的蓝图。这是一个还可以继续罗列下去的描画教育理想图景的知识谱系。可以说，教育知识史上的经典著作之所以能产生重大影响，赢得教育者的追捧和效仿，最根本的原因在于其因应社会生活形式、反映时代精神状况，故而在实践群体中产生了高度的可信性。教育知识的可信性是其影响教育实践的关键。

教育知识的功能困境与教育理想的缺失密切相关。我们把与整个社会时代的精神状况和生活形式相契合，从而赢得教育实践群体高度信任的教育知识称为教育理想。教育理想是反映社会生活的深层形式耦合代表时代精神的意义硬核而产生，当前，教育知识的功能困境正缘于教育理想的缺失。具体说来，一方面，由于未能产生描绘契合时代精神的教育理想，教育知识社会难以号召知识生产群体以"理想"为意义硬核开展重叠，由此，整个知识社会充满个人观点而鲜见高度重叠的教育观念，教育知识的可信性限于生产者自身而无法推及知识社会，更谈不上对教育实践群体产生重大影响。另一方面，似乎也不能埋怨教育实践群体不关注教育知识生产，面对教育知识生产中各说各话、新论频出的景象他们难免无所适从。各种教育观点似乎都有道理，但却没有任何一种观点可堪奉为理想的实践图景，能给予其变革日常实践方式的勇气。教育知识既不能为其提供理想图景，实际问题的解决又主要依靠自身经验，教育实践群体自然无须理会教育知识。

上述教育知识困境缘由相互关联，"深层形式的未确定"使教育知识生产方式遭到质疑，"意义空间的平面化"导致教育知识意义贫乏而无学术价值，"教育理想的缺失"是前两者的自然后果，可解释教育知识为何难以对教育实践群体产生影响。三者分别从知识生产、学术价值以及知识影响方面共同揭示教育知识存在的困境。

二　走出教育知识的生产困境

教育知识的生产困境是教育知识的根本困境。"困境"与"生机""机遇"相对，正是因为教育知识面临着生产困境，其才有可能突破困境，迎来繁荣。

（一）　教育知识的生产困境与机遇

据前文研究，生产困境的根源在于社会生活形式的不确定。既是"社会生活形式"的问题，教育学者是否就无能为力了呢？难道教育知识生产只能等待社会发展稳定后才能着手进行吗？除了等待，还能做什么呢？

我们认为，虽然社会生活形式未确定致使生产困境难以根本突破，但教育学者仍可有作为。这是因为，社会生活形式的变换只是在思想形态上表现为断裂式发展，在具体历史与现实生活中却不是毫无端由地顿然全变[1]，教育学者作为其演变的实际参与者（甚至是推动者），对于这个决定教育知识深层形式的本体基础的形成并非无能为力。不难想见，参与社会变革的教育学者，其头脑中预先形成的社会生活形式能助其革新教育知识的深层形式。为此，教育学者应做何准备？首先，教育学者有必要反省自身所经历的教育实践。社会生活形式的更新离不开教育生活的先导[2]，教育生活是教育知识生产的基础，教育学者通过反省亲自涉入的教育生活，进而从根本上质疑教育知识的生产方式，可为深层形式的更新奠定基础。其次，教育学者还应进入广阔的社会生活感悟时代精神的变迁。这就要求教育学者了解社会经济、政治等方面时事，密切关注

---

[1]　金观涛、唐若昕：《西方社会结构的演变——从古罗马到英国资产阶级革命》，四川人民出版社 1985 年版，第 141 页。

[2]　王逢贤：《现代教育先行论再探》，《东北师大学报》（教育版）1986 年第 3 期。

社会政策的动向，并体察时事政策中所蕴含的新的时代精神、前瞻性的社会生活形式，从而使自己站在时代发展的前沿领悟深层形式，开创性地建构教育知识。

同时，我们还有理由认为，生产困境蕴含着巨大的知识创新的机遇，这种机遇不是任何一位教育学者都能遇到的。从教育知识史看，那些生产出重大意义的教育知识文本都是由于教育学者抓住了难得的机遇，创造出具有开拓意义的教育知识，这样的教育知识可称为"时代教育知识"。时代教育知识确立了新的深层形式，因而成为一个"范式"性的教育知识著作。这样的教育知识在历史上是不多见的，它的产生是知识的增质性进步，而在其深层形式统摄下的教育知识生产则是增量性进步①。当代教育学者不应囿于教育知识和教育实践现状，从而对自己所从事的教育学专业表示动摇和怀疑。教育学是一门困境重重的学科，但也是一门充满生机的学科。只要准确把握时代精神，建构出一个确当的、新的深层形式统摄的教育知识，那么，教育知识必将又会重回到人类知识的兴奋中心。而彼时，作为时代教育知识的构建者，教育学者将登上人类知识的顶峰从而留载史册。不难想象，当这种教育知识建成的时候，曾为探索时代教育知识而付出巨大辛劳的所有先贤，正在征途中的教育知识创新者，有谁能不为自己教育知识理想的实现，不为自己科学生命的完满归宿而倍感欣慰呢！

时代教育知识是一种"高价位"的教育知识体系，当代教育知识的困境状态呼唤着这样的知识体系。同时，时代教育知识的创建是十分艰难的理论创新活动，它需要教育学者做出异常艰辛的努力。

---

① 当然，笔者这里并不是贬低"常规"教育知识生产的重要性，这种教育知识的量的进步不仅对教育知识发展来说是必需的，而且对作为质的进步的时代教育知识的重叠也是必要的。

（二）时代教育知识生产的"建基"

"水之积也不厚，则其负大舟也无力""风之积也不厚，则其负大翼也无力"①。任何知识生产都需要一定程度的知识准备。时代教育知识生产与一般教育知识生产有较大差异，知识准备的差异是其重要方面。一般教育知识生产的知识准备即通常所见的"文献搜集"工作，时代教育知识生产的知识准备则是异常辛劳的"知识建基"。

知识建基和文献搜集的区分表现在如下方面，其一，两者关注的知识范围不同。文献搜集者为现实的研究目的所支配，仅关注与研究课题相关的文献；知识建基者与此大为异趣，他眼界开阔，关注一切人类知识。纵观史上时代教育知识的生产者，例如，我国古代孔子，近代德国的赫尔巴特，当代美国的杜威，等等，他们无不具有广阔的知识视野，善于从人类知识的积淀中萃取其精华结成时代教育知识②。与此相对，文献搜集者不但不重视知识积累，反而认为知识束缚人的创造③。其二，两者体现出的治学境界不同。文献搜集体现了为生存而求知，偏重利益专营取巧的治学方式④，这种治学方式将学术视为生存"工具"。文献搜集者从内心上并不愿以"教育学"为业，在有其他机会能使他们更好地谋生时，他们会毫不犹豫抛弃自己的专业。知识建基是十分辛劳的学术积累，体现了一心为学、视学术为生命的治学境界。其三，两者所具有的学术意义不同。文献搜集通常能帮助知识主体解决某一具体教育问题，

---

① 《庄子·逍遥游》。
② 孙孔懿：《论教育家》，人民教育出版社 2006 年版，第 37—40 页。
③ 吴洪伟、许广敏：《"教育理论原创"：标准、问题及对策》，《教育理论与实践》2005 年第 11 期。
④ 这样的研究被已有研究者称为"'我'阙如的研究"，这样的教育研究，"有些时候或许是被迫性行为——为了谋生"（曹永国：《教育研究之生命意识探寻》，《教育理论与实践》2008 年第 5 期）。

学术意义十分有限。知识建基则能帮助知识主体建立新的教育知识体系，并通过新的知识体系开创一个新的教育生活形式，从而为整个社会的发展做出巨大贡献。

　　知识建基对时代教育知识生产具有重要意义。据上文对知识建基的初步理解，时代教育知识是知识主体从人类知识出发对教育生活进行"长程反思"（保罗·利科语）的结果。要理解知识建基的意义，可先从"长程反思"的解释入手。"长程反思"不同于一般的对教育生活的直接思考，它首先是一种"间接性"的反思。知识主体通过知识建基工作阅读大量的知识文献，借助文献阅读，一方面逐渐训练思维能力、文本创作能力；更重要的在于另一方面，知识主体通过文献阅读还能逐步感悟社会生活形式的存在状态。通过大量的文本阅读，知识主体逐渐学会从理论上对社会生活形式考察和体悟，不仅体会当代的社会生活形式，而且对历史上的社会生活形式及其演进有所理解。大量的知识文献能使研究者对社会生活形式的感悟更加敏锐，从而能提高知识主体的学术创造力，为时代教育知识的产生奠下基础。简言之，时代教育知识的建构以对社会生活形式的体悟为基础，知识建基借助知识文献所实现的"长程反思"，反思的直接对象正是社会生活形式。

　　还有必要指出，"建基"不是指为教育知识寻找逻辑基础，逻辑基础的"确定"是表层形式生产应当关注的内容。"建基"是指为教育知识寻求深层形式，为教育知识的合理性寻找根本性的依据。当然，仅通过文献阅读是否就能为教育知识深层形式的确立做好准备？答案是否定的。除此之外，我们认为还需要知识主体积极介入当代的社会生活，从社会生活实践中体悟教育知识的深层形式。

（三）知识主体的"群体介入"

　　谈及教育知识的生产方式，教育学者大多不满于"书斋式"

"闭门造车式"研究，指出教育知识之所以陷入困境，是因为教育知识未能解决实际问题，只要研究者关注教育实践，教育知识就能实现对诸多困境的突破。这种"实践神话"迄今未被打破，每当有人对教育知识产生种种不满，都最终将解决出路寄托于"教育学者走进教育实践"。

现在是应当反思"实践神话"的时候了。我们认为，"实践神话"是对教育知识生产进行教条式分析的结果。根据"理论与实践"的关系的经典结论，有研究得出，教育知识源于教育实践，生产者必须走进教育实践。这种生搬硬套而来的理论忽视了人文社会知识本身所具有的超越性，一味强调走进教育实践对于教育知识困境的突破并未带来多大帮助。"实践神话"所主张的教育实践作为教育知识生产的基础问题何在？简单地说，其问题在于将"理论与实践"的矛盾作为最终的分析范畴，忽略了二者矛盾的产生同样是有其基础的。仅根据哲学常识推知，在教育知识与实践的矛盾中，教育实践处于矛盾的主要方面，因此教育实践决定了教育知识，这一认识显然是过于简单化了。我们认为，教育知识与实践之间的矛盾的产生需要一定的基础，这个基础就是社会生活形式。只有在一定的社会生活形式下，才会产生教育知识与实践的独特性矛盾。

如果以上判断没有大谬，那么现在应当重新思考教育知识生产方式。什么样的生产方式适于创建时代教育知识？简言之，时代教育知识生产的方式应当是一种"群体介入"的方式。什么是"群体介入"的生产方式？为什么要坚持"群体介入"的生产方式？以下就这些问题展开初步探讨。

"群体介入"概念是一个复合概念。所谓"群体"，其含义不仅是指教育知识生产者不是个人孤立的存在，其思考不可能不受他人影响，更重要的是，教育知识生产者不但不能逃避他人影响，而且应当积极与他人交往，形成一种群体的整合力量。"群体"的生产方式就是要求教育生产者在一种"间际"关系中，以开放的心态与他人展开学术交往，并在这种学术交往中逐渐形成富有个性特色的教育学术群体。如果说教育知识具有超越性，那么时代教育知识所具有的超越性更是罕见的，这种超越性的实现必须借助群体的力量，加之，时代教育知识从生产到推广再到产生影响，每一步都不是个人所能承担得了的，只有以教育学术群体的力量才能叩开知识理想之门①。当然，我们不否认在这个过程中可能会有某个教育学者有特别突出的贡献，但是他的个人贡献无法掩盖学术群体的共同努力。

所谓"介入"就是一种"社会性关注"。"介入"的生产方式，指生产者应当对自己所创立的教育知识进行社会性关注。社会性关注表现在以下几个方面，其一，教育学者应对社会现象、社会问题进行不同于其他学科的个性化回应。这种个性化回应能检验教育知识是否适应当前的社会生活形式，并据此努力将教育知识与社会生活形式调至契合。其二，教育学者应对教育知识所指向的实践保持关注。教育知识指向一定的实践，知识生产并不终止于"发表"，生产者有义务促成教育知识所指向的实践的实现，因此教育知识主体应当介入到教育知识所指向的实践中。"介入"是教育学者在社会生活形式、教育知识和教育生活三者之间的来回诠释和修正。

翻阅教育知识史可知，发生过重大影响的时代教育知识体系的产生，都是群体介入的努力。从我国古代的孔子到西方当代的教育学家，如果他们的知识体系的创立，没有介入社会生活形式调整其教育知识体系，就不可能引起很大的共鸣；如果没有人关注他们的教育知识，没有人将其灌注到教育生活中，那么这些知识到现在也不过是一堆沉寂的文字而已。

---

① 时代教育知识只有历经群体重叠、实践淬炼，才能蜕变为一个时代共同的教育图景。

三　克服教育知识的价值困境

教育知识价值困境主要体现在其学术价值不被认可。突破教育知识的价值困境，不仅需建立丰厚的意义空间，还要探明意义空间与其他学科之间相互影响的方式，助使教育知识能对其他学科的知识生产发挥影响，从根本上突破价值困境。

（一）意义空间的生产

意义空间的"平面化"是当代教育知识价值困境产生的关键，要突破教育知识的价值困境，就须着眼于意义空间的构建活动。教育知识意义空间的建构大致有两种途径，一是教育学者在解决当代教育问题的过程中，在创造教育知识文本时所建构起来的意义空间，这种建构称之为意义空间的生产；二是当代教育学者在对教育知识史上的经典文本的诠释中所形成的一种意义空间，这种建构称之为意义空间的再生产。

教育知识意义空间的流失导致"平面化"的现象与当代意义空间生产方式有关，同时也跟当代教育学者对教育知识困境的理解有关。学界对教育知识困境似乎存在一种误解，人们大多认为，教育知识之所以陷入价值困境在于教育知识生产没有不断涌现的新的教育概念和命题。为了挽救教育知识的价值危机，当代教育学者，尤其是年青一代教育学者大多借鉴外国的教育学理论、社会学理论、哲学理论等，企图借用其他学科概念实现教育知识的形式创新，希望从此改变教育学的长期不振状态。于是，教育知识形式的创新趋之若鹜，各种观点层出不穷，新的教育概念、术语此起彼伏。然而，一番"创新"之后，有必要冷静地观察一番，教育知识的价值危机是否已经得到解除？知识界是否更多地表现出对教育知识的推崇？

知识形式的创新问题并非当代教育知识价值困境所产生的主要

原因。随便找来一本教育学术期刊，或教育学的专著，新的教育概念、命题比比皆是，但教育知识价值困境仍无转机。如此而言，教育知识的价值困境从根本上来说，其缘由不在于教育知识形式的"创新"，而在于教育知识意义空间的"平面化"，而更加深层的危机在于，当代教育学者还未对意义空间生产的独特方式（即"重叠"）予以足够的重视。教育学者一方面从事着大量的形式创新，生产出大量的教育概念、命题；而另一方面又没能通过"重叠"建构丰厚的意义空间。这就导致大量教育知识只是徒具形式的理论空箱，从而使教育学术出现严重的泡沫化现象。教育知识形式的繁荣难掩内容的苍白无物，更难解除教育知识的价值困境。

　　教育知识生产缺乏"重叠"的生产机制造成了深重的价值困境。跟踪某个教育学者，翻检其近年的著述可以很容易发现这个问题。当代教育学者追求教育知识的新奇，努力开掘教育知识的"空白地带"。但是一旦空白被填补之后，他们就不再关注了。毫不夸张地说，当代教育知识生产不仅仅是教育学者孤立的战争，同时还流行着一种"游击战"，教育学者们"打一枪换一个地方"，他们为了创新而创新，但对于自己的创新毫不"负责"。所谓不负责任的创新，也就是说，教育学者只注重提出教育观点，而不通过重叠建构起丰富的意义空间。意义空间是在大量的"重叠"过程中产生的，如果不进行再度、多度的诠释和分析，得到的就只能是一个"平面化"的意义空间。相对于教育知识形式的生产而言，意义空间的建构更为艰苦，但一个美丽的教育理想图景的形成足以让教育学者付出这样的代价。因此，有必要再次澄明一个理论事实：教育知识意义空间的构造不是一下子就能完成的，而是在不断地"重叠"过程中生成。

　　当代教育学界所出现的"不负责任的创新"、知识生产中的"游击战"，或许与学界的整个学风、评价制度相关。偏重量化的评价制度迫使人们不断创新，不断出成果，造成"浮躁"的学风，产生大量的学术泡沫。应当说明的是，我们并不是反对教育知识形式的创新，而是提倡一种负责任的创新，即教育学者必须通过"重叠"建立起自己的意义空间，阻止意义空间的"平面化"。

（二）意义空间的再生产

对教育知识的意义空间的审查可知教育知识价值困境根源。要生产一种富有意义空间，具有理论底蕴的教育知识，除了当代教育学者要锐意创新，并对自己的创新"负责"，通过不断"重叠"来构建意义空间以外，还须善于诠释历史上经典教育知识文献，要对教育的经典著作进行"深度耕犁"①。

对历史上经典教育知识的诠释是可能的吗？据前文对教育知识形式的研究，教育交流是教育命题的存在方式，教育交流赋予教育知识反思性、动态性和诠释性。这就表明，教育知识随着教育交流的进行，不断进行自我调整和更新，因此具有再度诠释的可能和必要。又据前面对意义空间的论证，意义空间的发展并不是沿着逻辑秩序，"一以贯之"式的纵向发展，而是随着社会形式发展而表现出一种横向的运动方式。也就是说，文本构建者对意义空间的诠释不具有绝对权威，它将随着诠释者不同的理解框架而呈现出不同的面貌，因此意义空间本来就是随着人的解释方式而发生变化的。就此而言，每当社会生活形式发生重大变化之后，对教育知识的经典著作进行重新诠释不但是可能的，而且是必需的。参考其他学科对经典文献的态度或更能理解这一学术现象。

对经典文献的再诠释在社会学、哲学等学科是十分常见的现象。哲学界知识生产十分注重哲学史的研究，哲学经典著作的解读。每个时代都有自己的哲学史，不少研究者更是以对历史上某个哲学家

---

① 借用张一兵《文本的深度耕犁》（第一卷）（中国人民大学出版社2004年版）书名的用语。

的透彻研究为学术使命。哲学界的知识生产方式在"孤立—封闭"框架下是很难理解的。根据"孤立—封闭"框架，哲学史作为一种客观的知识史，只要有一本能够比较客观地描述了历史上所存在的哲学，比较公正地评价了历史上的哲学家，似乎就再也不需要哲学史了，因为其他的哲学史都是不必要的，鼓励其他人再去研究哲学史就是一种智力浪费。然而事实与此迥然相异，几乎每个时代都有其代表性的哲学史。就社会学而言，这种现象可能还要更加突出一些。当代的社会学家，基本上都是社会学知识史家，例如以社会冲突理论闻名的科塞（Lewis Coser），却著有在社会学界一直被当作必读之书的《社会学思想名家》一书；又如领军当代社会学数十年的功能主义社会学家帕森斯，在其成名作《社会行动的结构》之中却以分析历史上著名的社会学家的知识体系为著述的主体部分；再如其他像乔纳森（Jonathan Turner）、吉登斯（Anthony Giddens）、亚历山大（Jeffrey Alexander）等对社会学史也都十分了解[1]。

　　回到前文的问题，为什么需要对历史上的教育经典再诠释？我们认为，如果一门学科缺乏对经典文献的诠释，那么这门学科的当代知识文本就会缺乏底蕴，这门学科所建立起来的意义空间就难以避免"平面化"。然而，不幸的是，当前学界力倡知识形式的创新，而无暇顾及教育知识史上的经典著作[2]。造成这种现象，以下

---

① 此处所列举的三位社会学家，他们的代表作，例如乔纳森的《社会学理论的结构》（华夏出版社 2006 年版）、吉登斯的《资本主义与现代社会理论——对马克思、涂尔干和韦伯著作的分析》（上海译文出版社 2013 年版），以及亚历山大的《社会学的理论逻辑》（第四卷）（商务印书馆 2016 年版）都堪称社会学史研究的经典著作。

② 当代教育知识生产的"非经典"现象十分严重。检索《教育研究》杂志 2007 年、2008 年刊发的文章可知，两年四百余篇文章，没有一篇专门探讨、诠释经典教育知识文献的文章；文章所引参考文献中，属于经典教育知识文献〔西方经典教育知识文献以人民教育出版社"外国教育名著丛书"为据，我国古代经典教育知识文献以孟宪承主编《中国古代教育文选》（人民教育出版社 1979 年版）、陈学恂主编《中国近代教育文选》（人民教育出版社 2001 年版）所摘选的文献为据〕一共还不足二十五次，这个数量远远低于所引用的社会学、哲学文献。此外，在教育学博士论文中，教育学原理专业以诠释经典教育知识文献为主题的博士论文少之又少。

两方面原因或许值得加以重视，一方面，"孤立—封闭"的知识观认为教育知识是客观的、永恒性的，对于这样的知识，知识生产者所能做的就是经常阅读它，不能对它作任何解释；另一方面，当代教育知识生产太过现实，教育学者将注意力集中于现实的教育问题上，一味强调教育知识的实用性。教育学者很少愿意将自己的观点建立在对教育经典文献的诠释上，因此很难出现像社会学和哲学那样的知识积累方式。

其实，学界有识之士已认识到这一问题的严重性，开始着手整理教育知识文献。例如瞿葆奎先生晚年耗尽心力主编"二十世纪中国教育名著丛编"，搜集教育知识文本，力图形成教育学界一套稳固的知识体系。但对经典的教育知识文献仅处于搜集、重刊还远远不够，还须认真对之进行诠释，对教育知识的经典文本所建立的意义空间进行"再造"，只有这样才能克服当代教育知识的"平面化"趋势。为此，有必要再次明确，教育知识如果缺少了对历史上的经典著作的诠释，其理论空间就缺少了底蕴，意义空间日趋"平面化"，进而导致教育知识在知识界无法产生影响。

（三）意义空间的传播

意义空间的生产和再生产，是从教育知识自身发展角度探讨如何突破价值困境。当前教育知识价值困境不仅反映在教育生活中，教育知识的学术价值不高近乎成为整个知识社会公认的事实。因此意义空间的生产和再生产或许能改善教育知识本身，但是教育知识如果要扩大影响，真正摆脱知识界长期以来产生的偏见，还应仔细分析教育知识意义空间的"传播"。分析意义空间的传播需要了解知识之间的相互影响及其途径。

意义空间的传播大致可以分为自发性传播和自主性传播，两者各有其独特的传播机制和途径。教育知识意义空间的"自发性传播"，指意义空间的生产和再生产对知识界产生了巨大影响，使其他学科的知识生产不由自主地受其影响。自发性传播的必要条件是，教育知识的意义空间本身具有极强的解释力，其他学科的知识生产借助它能更好地完成知识生产，否则谁也不会主动了解教育知识。自发性传播对知识的成熟度要求极高，教育知识要实现自发性传播就须改变当前的生产方式。可以设想，教育知识意义空间通过知识主体的"群体介入"，大量的"重叠"使教育知识意义空间不断宏富、深厚，从而凝聚起广泛而深刻的解释力，此时教育知识的理论形式和实践方案便能够向其他社会现象迁移。同样可以设想，意义空间的大量"重叠"产生以教育知识为中心的"知识风暴"，其他学科知识生产将不由自主地受到教育知识意义空间的影响。此时，教育知识的价值困境就会自动消除，其学术地位问题将不再是萦绕在教育学者心灵中挥之不去的"幽灵"。

　　与自发性传播相对，在自主性传播过程中，教育学者主动地运用教育知识分析其他现象，试图通过意义空间对其他学科的知识建构产生影响，这种情况就像人文社会科学中的社会学、人类学等学科知识，此类知识的意义空间能自如地向其他领域延伸，并能帮助其他领域实现知识生产。当然，自主性传播也不是无条件的，它对意义空间也有相当高的要求。只有具备了一定丰厚程度的意义空间才能实现对其他现象进行富有启发意义的解读。此外，意义空间要实现自主传播还须教育学者养成运用教育知识解释其他现象的学术习惯，产生从教育知识出发分析其他社会生活的理智冲动。主动解释其他社会现象是意义空间实现自主性传播的重要前提。

　　在教育知识处于"全面困境"的状态下，谈论教育知识对其他学科的自发性影响、意义空间的自主性传播、教育学者主动分析其他社会活动，这似乎显得有些"不实际"。教育知识意义空间的两类传播可能吗？对此，教育学者应当树立一种知识信念，即作为专业学者要对自己所从事的知识事业保持高度的信仰，不仅要相信教育知识能对教育生活本身产生巨大影响，而且相信其对社会生活形式的塑造和变更也能有至伟的功绩；不仅要相信教育知识的意义空间能解释教育现象，启发教育实践，而且相信其能促进对其他学科的知识生产。这种对教育知识的信仰让我们认定，"教育学——研究人的全面生长和发展、形成和塑造的科学，可能成为未来社会的最主要的中心学科"[1] 会成为现实。这既是一种信仰，也是一种希望。只要我们不为当前教育知识的困境和危机所扰，不断朝着心中的希望努力，教育学终有一天能够傲立于知识之林，对人类生活做出合理、适宜的安排与策划。

四　摆脱教育知识的功能困境

功能困境主要体现在，教育知识不被教育者所信任，很难对教育实践产生影响。对此，唯有借助教育理想所附强大信念，激励教育实践群体反思自身的实践方式，并据其勾勒的美好图景变革教育实践，从而将教育意义的"重叠"推向实践，进一步完善教育知识的社会论证。

（一）何为教育理想

毋庸讳言，"教育理想"并不是一个已被充分思虑的教育概念，已有论者对此表示过惊异，认为无论对于教育实践还是教育认识活动，教育理想的重要性都得到了普遍承认，然而如此重要的概念竟然未能进入教育学的知识体系[2]。尽管如此，事实上人们对"理想"概念并不陌生，近来已有不少文章分析"理想"的含义，其中颇有影响的观点是：理想超越经验成为批判现实、引导实践的重要力量[3]。

---

① 李泽厚：《世纪新梦》，安徽文艺出版社 1998 年版，第 17 页。
② 张夫伟：《可以没有教育理想吗》，《当代教育科学》2005 年第 5 期。
③ 李茂盛：《关于理想范畴的解析》，《理论探索》2000 年第 6 期。

教育理想的超验性具体表现在三个方面：其一，超越任何现实教育。教育理想是超越现实的关于教育的理性形象，不同于任何一种具体的教育实践。教育实践与教育理想的区别不在于其总存在认识不足与条件欠缺，两者的不同是一种纯粹的范畴差异。这一不可弥合的本质区别是教育理想超验性的重要体现。其二，不同于任何个体性经验。由于教育是一项公共事业，任何教育实践和认识活动都并非纯私人的事件，因此教育理想尽管可以由某个人提出，但必须得到众人的认同才可成为真正的教育理想。"众人认同"作为教育理想形成的必要条件，这在一定意义上消除了教育理想的个人性质。其三，无须经验性的价值依据。教育理想不同于经验性的教育目的，尽管教育目的也能引导教育实践超越现实，但它无法为教育实践提供最终的价值来源，因为教育目的本身"为了什么"也需要辩护，需要寻求价值依据。教育目的的价值追溯是一个无限的过程，教育理想因无须经验性的价值依据而可为教育目的提供最终辩护。

实际上，任何教育知识都在一定程度上超越现实实践，并且不同于纯粹的个人经验，其价值依据往往也并非经验性的，因此都具有一定的理想性质。尽管如此，但却并非任何教育知识都是教育理想。其一，教育理想的论证辩护方式与时代社会的生活形式一致，蕴含着一种无可置疑的理性精神，很容易得到他人的信任；其二，教育理想的意义内核与时代精神状况相契合，任何遭遇教育理想的人都会产生"心有戚戚"之感，能够使人对其心悦诚服；其三，由于教育理想在知识形式和内容上都能反映社会时代的精神追求，因此能够同时使教育知识生产群体和实践群体产生强烈的使命感，教育学者受其感召自觉加入意义空间的生产，教育者在其鼓舞之下幡然醒悟，开始反思当下平庸的教育实践并图谋改革；其四，并非任何教育观点一经提出就可以成为教育理想，教育理想是经知识生产群体反复论证、不断重叠，意义空间十分丰沛，几近成为理论"黑箱"的教育知识。

教育理想具有走向教育实践的本性。教育知识与教育实践相脱离的现象，并不像有论者所认为的那样，是由于两者性质不同使然，其根本问题在于教育知识自身的可信性程度不够，无法激励实践者参与其意义空间的重叠。在"可信性"取向下，教育理想与教育实践呈现出不同于一般的教育知识与实践关系状态。以往人们近乎常识地认为，教育知识指导教育实践，两者各属不同范畴，甚至各有不同地位；教育知识生产者与实践者，也是两个各行其是的分裂群体。在这一理解下，教育知识与实践相结合便面临着重重困难。转变教育知识的理解方式，从"可信性"取向来看，教育知识的生产并非一劳永逸，还需要教育知识社会的其他生产者对其意义空间进行重叠，以增强教育知识的可信性。然而，"可信性"的增强是没有尽头的，当教育知识在知识社会中"可信性"增强到无以复加而成为"黑箱"式的教育理想时，就自然要求走向教育实践领域。在我们看来，教育实践与知识生产并非截然分裂的两个领域，两者对于教育知识的"可信性"都有贡献，教育知识为增强其"可信性"必然走向实践。

（二）教育理想从何而来

教育理想是一种具有重大创新意义的教育知识，具有对教育知识生产与实践两大群体的整合功能，不是某一个人的理论设想，更非个人在实践中的简单创新所能比拟①。我们认为，教育理想立基

---

① 值得进一步探讨的是，不同于日常实践的、蕴含着某一教育理念的教育实验是否可看作教育理想的具体形式？教育改革实验者不正是力图将其心中的"教育理想"实现出来吗？对此，我们的回答是否定的。其一，任何教育实验总是基于实验者的教育理念而进行的。教育实验只是对实验主体的教育理念的证实（或证伪），难以摆脱个体性特点，与教育理想的公共性不相符合。其二，教育实验者的理念若能够实现出来，这恰好表明教育理念本身并不纯粹，具有经验成分。具有经验成分的教育理念不符合教育理想的超验性，将不可避免地受到其他经验的批判。其三，即便教育实验所赖以运行的理念具有理想性质，但理念一旦付诸实践便融入了现实成分，教育实验最终将成为理想与现实的某种程度的折中，始终与教育理想存在差距。

于教育知识传统的彰显而形成于时代社会精神的酝酿，从历史与当下的张力中产生。教育理想的产生首先应当处理好"创新"和"传统"之间的"必要张力"。在此，我们不妨先谈知识传统对于创建教育理想的意义。库恩曾讲道：

> 我不怀疑，科学家至少必须是潜在的革新家，他必须具有思想的灵活性，必须随时找出麻烦之所在。许多流行的陈规旧套无疑都是对的，因而探索相应的个性特征性标志也是重要的。但是问题的另一面是：我们的陈规旧套还缺少什么呢？它还必须与什么仔细地结合起来呢？我想，如果我们认识到基础科学家在一定程度上也必须是个坚定的传统主义者，或者完全用你们的话说，一个收敛式思想家，那就更有可能充分开发我们潜在的科学才能。最重要的是，我们还必须力求了解，这两种表面不一致的解题方式怎么能够在个人内部和群体内部协调起来。①

根据以上引述，教育理想的开创离不开"传统"，脱离"传统"的个人的理论想象只是一种无根的"创新"。教育理想不是拼凑而成的，也绝非轰轰烈烈的"造词运动"所能形成。那种从别国东搬西抄而来的新教育术语堆积而成的教育知识不可能成为教育理想。教育理想之所以能产生强大的感召力，其重要原因在于扎根教育知识传统。

教育知识传统形成于长期的历史实践，借助记载重大事件和重要经验的文献得以流传。研究教育知识传统首当关注教育历史文献，尤其是经典文献。教育经典超越了时间局限具有较多的阅读者

---

① ［美］托马斯·库恩：《必要的张力——科学的传统和变革文选》，北京大学出版社 2004 年版，第 232 页。

与较大的影响力，是教育知识传统最为凸显之处①。应当注意的是，教育知识传统并非一成不变，内在的"理性化""反传统的诱惑"，外来传统的压力、外在环境的变化等因素都可能促进其变迁。有必要从学理上澄清：随着近代教育实践方式的转变和西方教育学的引入，我国教育知识传统是否发生了断裂？我们认为，如果"断裂"指的是"删除"旧传统及其演绎出的教育知识，凌空降入另一种截然不同的教育知识传统，便是不可能的。一方面，人存在于传统之中并受其塑造，"删除"教育知识传统意味着否定生产者的存在历史；另一方面，根据哲学解释学，任何认识活动都以"前见"作为"精神储备""参照系"与"理解前提"②，而"断裂"则意谓无须借助"前见"就可凭空理解一种新的教育知识传统，这是不可思议的。事实不过是，我国教育知识传统在外来理论的压力下，积极调动自身的知识资源与其交流、融合，实现了较大幅度的发展。

教育知识传统可为创建教育理想提供强大的意义支撑。反观当前我国教育知识生产，人们极力追崇"新术语""原创性"，汲汲寻求其他学科的前沿成果，借鉴西方国家的先进经验，而蕴含教育知识传统的经典文献却被束之高阁。由于新的术语概念鲜有人知，在这一生产方式下产出的教育知识缺乏意义便在所难免。一个个新的理论如过眼云烟，平面化的意义空间根本无法得到知识社会的信任，教育理想的缺失实在情理之中。相反，若将教育知识建立在我国教育知识传统上，则必然出现另外一番截然不同的景象。诚如已言，教育知识传统乃是在长期、反复的历史实践中积淀而成，其中每一个概念术语都被使用多次，具有深厚的意义空间，教育知识建立其上自然更能获得信任。教育知识传统是创建教育理想的基础。只有扎根教育知识传统才可能成功地感召人们围绕意义硬核开展知

---

① 雷云：《略论教育经典与教育知识生产》，《上海教育科研》2011年第3期。
② ［德］汉斯－格奥尔格·加达默尔：《真理与方法》（上卷），上海译文出版社1999年版，第341—373页。

识生产与实践，教育知识才可能由此成为全社会的理想。

（三）教育理想如何创建

从创建主体看，教育理想的产生不是教育学者个人所能完成的，需要一批坚定的信从者，依托教育知识生产团队的共同努力才能实现。教育理想本身也不过是一种教育知识，但任何教育知识绝不可能从形成知识文本开始就成为教育理想。实际上，若无其他知识生产者、实践工作者的重叠，任何精妙高深的教育知识最终也只能落得孤芳自赏、无人问津。以教育知识史上堪称理想的标志性知识成果——《普通教育学》为例，分析教育知识向教育理想的演变，或对于教育理想创建的集体性将有更深的理解。

我们知道，赫尔巴特的《普通教育学》可谓其时最高的教育知识成就，堪称时代教育知识，然而，即便如此，《普通教育学》却并未立刻成为全社会的教育理想范本。事实上，由于赫尔巴特生前缺少支持者，其教育知识体系虽然完美而富有深度，自《普通教育学》出版以来以至赫尔巴特的有生之年，这本著作一直都默默无名，更别说对教育实践产生什么影响了。赫尔巴特自己也莫名而无奈地抱怨："我那可怜的教育学没能喊出它的声音来。"①有意思的是，在赫尔巴特逝世后，在其弟子齐勒（T. Ziller）、莱茵（W. Rein）等人摇旗集结了大批的支持者，形成了著名的赫尔巴特学派，从此《普通教育学》才逐渐发挥出巨大的作用和意义，成为该时代教育理想的典型文本。似可认为，教育知识只有历经创建者的生产，到信从者对其意义硬核进行大量"重叠"，再到教育实践群体的具体落实，才可能最终演变成一个时代的教育理想。

从创建过程看，应先理解社会生活与精神状况以捕捉深层形式

---

① ［美］S. E. 佛罗斯特：《西方教育的历史和哲学基础》，华夏出版社 1987 年版，第 461 页。

与意义硬核，形成时代教育知识，然后再返回教育知识传统对已有经典文献进行诠释，最终建立起一种合乎时代的教育理想。先论对社会生活的理解。认识当下的社会生活既要从历史角度了解社会文化的演进历程，也要认真分析其他社会类型的文化状况，结合社会历史、"他者"社会与当前出现的一些新事物和现象预判未来的发展趋向，力求凝练形成新的教育知识判准。在此过程中，生产者既要沉潜于教育学与其他人文社会科学，又要以高度的学术敏感性与创新性感受生机勃勃的社会生活实践，还要能在此基础上领悟当前社会对"人的秩序"的基本设定，这是十分艰难的教育知识生产方法的创新历程。再谈意义硬核的形成。意义硬核是教育理想的实质内容，是教育理想能否产生感召力，整合教育知识生产与实践力量的关键。意义硬核的形成需要教育学者深刻领悟时代精神状况，理解当前社会所蕴含的对"人""精神"等的新的研究取向，由此凝结形成新的关于教育的价值观念。教育理想的意义硬核便来源于这种新的教育价值观念。最后再析对知识传统的批判改造。在时代教育知识的观照下，教育知识传统必定折射出十分不同的理论色彩，可激发人们重新分析传统所蕴含的思想与逻辑进路；分析传统复又增强时代教育知识的意义支撑，拓展其意义空间，最终使其成为时代教育理想。

从文本形式看，由于深层形式未定而难以证成教育理想，加之教育理想具有超验性，以经验描述为主的知识形式也无法达及，再加之，教育理想需激励实践群体的积极行动，因此我们认为可在教育理想的文本形式上做些创新，即通过教育艺术来对其进行勾勒。首先，艺术的独特之处在于，它可以经验（或"物因素"，das Dinghafte）的形式达到超验的领域。例如凡·高（Van Gogh）油画中的农夫的鞋彰显出其生存的整个世界，小说中一个具体的事件可以体现出光辉的人性。艺术对于理想的意义在于，艺术中的经验事物（包括经验性语言）能够实现对自身经验性的否定和扬弃，从而进入到超验领域并对物质"大地",或者说"世界整全"的解蔽①。教育艺术作品能使教育整全得到澄明,使教育理想得以显现。其次,教育艺术作品能给人的心灵以震撼,为教育的发展规划出一个新的基础和水平。教育艺术作品所带来的这种震撼使我们从现实中超拔出来,直接将教育现实推向一个通过逻辑演绎不可能达到的新的境界。教育艺术作品为教育实践展示了一种全新的可能性。再次,教育艺术作品容易传播,具有很强的公共性。教育艺术作品的传播不受专业知识与受教育权的限制,每个人都可以方便地阅读、观赏,并在其中达成相互理解,进而形成教育理想。

---

① [德]马丁·海德格尔:《林中路》(修订本),上海译文出版社 2008 年版,第 16 页。

结语：以社会为镜聚焦时代教育理想

　　理论旅行至此结束。回顾全程，拙涩的理论构设与论证恰如旅途中艰辛的跋涉，偶尔难得的精神火花犹如平淡路途上无意发现的旖旎风光，文中诸多不规范合理的分析则仿佛兴致勃勃的游历遭遇阴郁的天气。此时的我们不禁思考：漫长的理论分析到底展示了什么？从如此繁复的论证中究竟可以得到什么？此番旅行最终达到了一个什么样的境地？诸问题将我们的思绪拉回旅程。

　　分析始自对"知识"的反思。通过对"知识""教育知识"的反思，我们提出了知识研究的两种取向。"可靠性"取向是一种"封闭""孤立""静态"的研究，其生产的教育知识已经陷入"全面困境"，且与当代社会生活形式渐行渐远。梳理文献发现，当代学界正逐渐兴起"可信性"研究。或许"可信性"研究正是解决当前教育知识困境的法门。然而，"可信性"研究到底如何进行？这既没有理论资料可借鉴，也没有实践经验可总结。置此情形，首先需要建立"可信性"研究的分析框架，"间际—开放"框架顺然而生。单独一个"分析框架"毕竟单薄、难堪大用，尚需从本体论、方法论等各方面获得支持。借助马克思社会唯物论，"间际—开放"框架奠定了唯物论基础；借助知识社会学，"间际—开放"框架的理论内涵得到了极大丰富；通过简要分析教育知识，建立了"形式—内容—耦合"的理论路径。

194

对教育知识的分析依循"形式""内容"展开。通过对教育知识形式的初步分析得知，由于近代社会的骤变，传统教育概念已不合时宜，如今的教育概念几乎全都是从国外翻译引进，因此其内涵应立足于当代社会的诠释，教育概念之根基立于社会；教育命题是教育交流的工具，根据教育主体的划分可对教育命题进行大致的分类，教育知识生产是表达教育观点的教育命题的社会化论证过程，教育知识的组织规则形成于社会生活形式之中。教育知识的内容是知识文本所形成的意义空间，意义空间通过文本"重叠"生产出来；教育学者在精心的措辞中建构起的理论空间，理论空间的"重叠"使意义空间逐渐丰厚，意义空间的生存还需必要的争夺技巧。对教育知识分析最后到达了"耦合"。形式与内容的耦合需要一定的条件，条件包括知识主体的产生、背景知识的形成以及教育问题的引发；教育知识耦合的过程可通过教育问题的解决来进行理解。至此，我们完成了对教育知识生产的主体部分的分析。

以"可信性"取向反身自省，以上分析及其结论是否"可信"？运用分析结论观照教育知识困境，察其解释力度和启发意义便可自证。考察教育知识困境发现，"困境"缘于深层形式的"未确定"、意义空间的"平面化"以及教育理想的"缺失"，困境的突破有赖于上述问题的解决。由此便到了理论的终点之处，理论旅行的最终境地。立此"最终境地"回望全程，我们认为，本书的分析消解了以"可靠性"为追求的传统教育知识生产取向，构建了旨在谋求"可信性"教育知识的社会性生产。"最终境地"在于我们分析所发现的时代教育理想。

先论"可靠性"教育知识图景的消退。传统的教育知识生产以"孤立—封闭"为分析框架，以知识的"可靠性"为鹄的，追求超越知识主体的处境、生活形式的教育知识；注重知识主体先验的逻辑演绎，寻求稳固的逻辑起点以及在其之上建立永恒的逻辑体系；崇尚一种客观证实、可重复验证的教育知识。"可靠性"教育知识生产陷入困境，仿佛在追捕一个虚无的 centaur，永远在寻找而又永远难以找到。突破和超越"可靠性"困境需构建新的分析框架。"间际—开放"框架对教育知识的分析消解了"可靠性"知识图景。在新的分析框架下，教育概念生产根基在于社会，其内涵的变更与社会发展相适应，这就使教育概念摆脱了知识主体的先验思辨；教育知识是教育命题社会化论证的结果，因此不同社会生活形式有不同的知识标准，教育知识是向社会主体开放的，这一论述是对"孤立"教育知识观的一种深刻否定；教育知识的内容不是教育事实，也不是知识文本所呈现的理论空间，而是由知识形式重叠生成的意义空间，这又是对"封闭"教育知识观的一种反驳；教育知识生产过程的"黑箱化"理论，集中反映出教育知识之所以可能的"可信性"生产模式，是对"可靠性"知识判准的根本性反动。

再谈"可信性"教育知识生产方式。一种新的知识图景必须伴以新的生产方式，否则这种新的知识图景就会成为空中楼阁难以及至。简而言之，"可信性"教育知识的生产是一种"社会性生产"。何谓"社会性生产"？首先，"社会性生产"要求生产者沉潜于丰富的人文社会科学知识，准确把握当前社会生活与时代精神状况之脉动，建构符合社会时代的教育知识深层形式与意义硬核，生产出具有高度"可信性"的教育知识，进而感召各类教育知识群体参与意义空间的"重叠"。其次，"社会性生产"是各知识群体对教育知识的联合生产（论证）。"社会性生产"要求知识生产者认识到教育知识生产并非一蹴而就，须反复对自己所提出教育观点辩护论证，通过"自我重叠"提升其"可信性"，并力求启动"集体重叠"建构教育知识丰厚的意义空间，形成具有高度"可信性"的"黑箱化"知识，完成教育知识的社会化论证。再次，"社会性生产"要求教育实践群体以自身独特的方式参与生产。从意义空间的重叠角度看，将某种教育知识践行于实践活动之中无疑对知识生产具有特殊意义。可以认为，要建立一种"黑箱化"的教育知识必不能忽视其在实践中的运用，教育实践与论证辩护是扩展意义空间的两种不可相互代替的手段，实践活动仍然具有知识生产意义。

最后再议作为"最终境地"的时代教育理想。由于时代教育理想表达了"可信性"取向下的生产方式与知识形态，因此可以说是本书最终提出的一种知识方案，是理论旅行的"最终境地"。从知识性质来看，时代教育理想是教育知识但又并非真理性知识。言其"知识"，是因为"理想"概念本身意谓人们对其寄予了高度信任，以至在精神和行动上都以此为准则；时代教育理想无疑是"可信性"取向下典范性的知识形态。言其"非真理"，是因为通常理解的"真理"具有永恒性、客观性，时代教育理想不过是某一社会形态、某种精神状态之下力求达到的教育知识与实践的状态，既不具有永恒性也不具有客观性。从知识建构来看，时代教育理想是由契合社会生活形式的深层形式耦合反映了时代精神状况的意义硬核而形成，是教育学术群体通过知识论证、意义重叠，并在教育实践群体反复运演而得到的"黑箱化"的教育知识。时代教育理想是知识群体以社会为镜聚焦时代精神而形成。从知识使命来看，时代教育理想既蕴含符合社会生活便能解决教育知识生产困境，既反映时代精神状况便能解决价值困境，既具有对教育学术群体与实践群体的感召力便能解决功能困境。至此可见，时代教育理想是一条对教育知识困境的总体性解答策略，是对"皮亚杰问题"的最终回应。

参考文献

（按姓氏音序排列）

一 中文部分

蔡春、扈中平：《立足于"关系"的教育研究》，《教育理论与实践》2003 年第 12 期。

曹永国：《教育研究之生命意识探寻》，《教育理论与实践》2008 年第 5 期。

陈秉璋：《社会学与知识》，（台北）唐山出版社图书公司 1995 年版。

陈桂生：《教育学的迷惘与迷惘的教育学》，《华东师范大学学报》（教育科学版）1989 年第 3 期。

陈桂生：《略论教育学成为"别的学科领地"的现象》，《教育研究》1994 年第 7 期。

陈桂生：《元教育学"问对"》，《华东师范大学学报》（教育科学版）1995 年第 2 期。

陈桂生：《"教育学视界"辨析》，华东师范大学出版社 1997 年版。

陈嘉映：《思远道——陈嘉映学术自选集》，福建教育出版社 2000 年版。

陈嘉明：《知识与确证——当代知识论引论》，上海人民出版社

2003 年版。

陈培瑞：《教育改革与造词运动》，《江西教育科研》2004 年第
　10 期。

陈书栋：《矛盾基础论》，河南人民出版社 2006 年版。

陈学恂：《中国近代教育文选》，人民教育出版社 2001 年版。

陈元晖：《中国教育学史遗稿》，北京师范大学出版社 2001 年版。

戴本博、张法琨：《外国教育史》（下册），人民教育出版社 2001
　年版。

邓晓芒：《古希腊罗马哲学讲演录》，世界图书出版公司 2007 年版。

董洪亮：《教育理论建设中的类比问题》，《教育研究》2007 年第
　12 期。

丁钢：《教育经验的理论方式》，《教育研究》2003 年第 2 期。

丁钢：《声音与经验：教育叙事探究》，教育科学出版社 2008 年版。

冯向东：《不确定性视野下的教育与教育研究》，《北京大学教育评
　论》2008 年第 3 期。

冯向东：《关于教育的经验研究：实证与事后解释》，《教育研究》
　2012 年第 4 期。

傅敏、田慧生：《教育叙事研究：本质、特征与方法》，《教育研
　究》2008 年第 5 期。

高秉江：《从"先验自我"到"主体间性"》，《中国现象学与哲学
　评论》（第四辑），上海译文出版社 2001 年版。

高秉江：《西方知识论的超越之路》，人民出版社 2012 年版。

高清海：《马克思主义哲学基础》（下册），人民出版社 1987 年版。

高时良：《中国古代教育史纲》，人民教育出版社 2003 年版。

高时良：《学记研究》，人民教育出版社 2006 年版。

高伟：《教育现象学：问题与启示》，《清华大学教育研究》2004 年
　第 1 期。

郭强：《论古典知识社会学理论范式的建构》，《社会学研究》2000

年第 5 期。

郭强:《我的知识经济观》,中国经济出版社 1999 年版。

郭元祥:《教育逻辑学》,人民教育出版社 2002 年版。

韩合林:《〈逻辑哲学论〉研究》,商务印书馆 2000 年版。

郝德永:《教育学面临的困境与思考》,《高等教育研究》2002 年第 4 期。

郝德永:《从二元性转向二重性:教育研究的方法论突破》,《教育研究》2013 年第 11 期。

洪谦:《西方现代资产阶级哲学论著选辑》,商务印书馆 1964 年版。

侯怀银、张小丽:《论"教育学"概念在中国的早期形成》,《教育研究》2013 年第 11 期。

胡作玄:《第三次数学危机》,四川人民出版社 1985 年版。

华东师范大学教育系、浙江大学教育系:《西方古代教育论著选》,人民教育出版社 2001 年版。

蒋径三:《文化教育学》,商务印书馆 1936 年版。

江天翼:《相对主义的问题》,《世界哲学》2007 年第 2 期。

金观涛、刘青峰:《中国历史上封建社会的结构:一个超稳定系统》,《贵州师范大学学报》(社会科学版)1980 年第 1 期。

金观涛、唐若昕:《西方社会结构的演变——从古罗马到英国资产阶级革命》,四川人民出版社 1985 年版。

金生鈜:《何为教育研究的规范性论证》,《教育研究》2015 年第 8 期。

雷鸣强:《对教育理论研究功效低下的反思》,《教育理论与实践》1995 年第 3 期。

雷通群:《西洋教育通史》,华夏出版社 2007 年版。

雷云:《"教育知识"的探究——兴起、现状与研究取向的思考》,《东北师大学报》(哲学社会科学版)2009 年第 2 期。

雷云:《略论教育经典与教育知识生产》,《上海教育科研》2011 年第 3 期。

雷云:《论普遍的教育实践非理性》,《四川师范大学学报》(社会科学版) 2013 年第 4 期。

雷云、吴定初、罗银科:《论我国教育学自觉的历程》,《教育发展研究》2015 年第 7 期。

雷云:《教育知识的生产与境》,中央文献出版社 2015 年版。

李长伟:《现代性危机与现代教育研究的困境》,《教育理论与实践》2004 年第 1 期。

李克建:《结构主义、后结构主义与教育研究》,博士学位论文,华东师范大学,2007 年。

李太平:《当前教育研究中需要注意的几种倾向》,《教育研究》2006 年第 10 期。

李泽厚:《世纪新梦》,安徽文艺出版社 1998 年版。

李政涛:《教育科学与其他相关学科的"对话"》,上海教育出版社 2001 年版。

梁启超:《饮冰室文集点校》,云南教育出版社 2001 年版。

柳海民:《教育原理》,东北师范大学出版社 2000 年版。

柳海民、李伟言:《教育理论原创:缺失归因与解决策略》,《教育研究》2003 年第 9 期。

柳海民、林丹:《困境与突破:论中国教育学范式》,《东北师大学报》(哲学社会科学版) 2007 年第 3 期。

柳海民、孙阳春:《再论教育理论的原创性》,《东北师大学报》(哲学社会科学版) 2004 年第 5 期。

柳海民、王晋:《20 世纪中国教育学发展之镜鉴》,《教育理论与实践》2006 年第 21 期。

刘放桐等:《现代西方哲学》,人民出版社 1990 年版。

刘良华:《教育叙事研究:是什么与怎么做》,《教育研究》2007 年第 7 期。

刘珺珺：《科学社会学》，上海人民出版社 1990 年版。

刘小枫：《现代性社会理论绪论——现代性与现代中国》，上海三联书店 1998 年版。

刘旭东：《教育学的困境与生机》，《教育研究》2005 年第 11 期。

刘旭东：《行动：教育理论创新的基点》，《教育研究》2014 年第 5 期。

陆有铨：《躁动的百年：20 世纪的教育历程》，山东教育出版社 1997 年版。

马凤岐：《教育学的论证问题》，《教育研究》2016 年第 3 期。

孟宪承：《中国古代教育文选》，人民教育出版社 1979 年版。

倪梁康：《现象学的始基——对胡塞尔〈逻辑研究〉的理解与思考》，广东人民出版社 2004 年版。

倪梁康：《现象学及其效应——胡塞尔与当代德国哲学》，生活·读书·新知三联书店 2005 年版。

牛利华：《教育学的困境与企盼——略论教育理论思维》，《教育理论与实践》2005 年第 9 期。

彭泽平、陆有铨：《论当代中国教育学者的使命》，《华东师范大学学报》（教育科学版）2007 年第 4 期。

齐梅：《教育学原理学科科学化问题研究》，博士学位论文，东北师范大学，2006 年。

瞿葆奎：《教育学的探究》，人民教育出版社 2004 年版。

瞿葆奎、范国睿：《当代西方教育学的探索与发展》，《教育研究》1998 年第 4 期。

瞿葆奎、郑金洲：《教育基本理论之研究（1978—1995）》，福建教育出版社 1998 年版。

任钟印：《西方近代教育论著选》，人民教育出版社 2001 年版。

施铁如：《"怎么都行"——学校改革研究的后现代思考》，《教育研究与实验》2003 年第 2 期。

石中英：《知识转型与教育改革》，教育科学出版社 2001 年版。

石中英：《本质主义、反本质主义与中国教育学研究》，《教育研究》2004 年第 1 期。

石中英：《教育学的文化性格》，山西教育出版社 2005 年版。

孙俊三：《教育研究的境界》，《教育研究》2005 年第 11 期。

孙孔懿：《论教育家》，人民教育出版社 2006 年版。

孙培青：《中国教育史》，华东师范大学出版社 2000 年版。

孙振东：《当前我国教育学建设中的几个问题》，《教育学报》2005 年第 5 期。

唐莹：《元教育学——西方教育学认识论剪影》，人民教育出版社 2002 年版。

王彬彬：《隔在中西之间的日本——现代汉语中的日语"外来语"问题》，《上海文学》1998 年第 8 期。

王策三：《教学论稿》，人民教育出版社 1985 年版。

王策三：《认真对待"轻视知识"的教育思潮——再评由"应试教育"向素质教育转轨提法的讨论》，《北京大学教育评论》2004 年第 3 期。

王承绪、赵祥麟：《西方现代教育论著选》，人民教育出版社 2001 年版。

王逢贤：《现代教育先行论再探》，《东北师大学报》（教育版）1986 年第 3 期。

王逢贤：《优教与忧思》，人民教育出版社 2004 年版。

王海明：《伦理学原理》，北京大学出版社 2001 年版。

王洪才：《论教育研究的特性》，《教育学报》2005 年第 6 期。

王国维：《王国维论学集》，社会科学出版社 1997 年版。

王铭铭：《文化格局与人的表述——当代西方人类学思潮评介》，天津人民出版社 1997 年版。

王维国：《论知识的公共性维度》，中国社会科学出版社 2003 年版。

王卫华：《我们如何认识教育世界》，《教育研究》2016 年第 9 期。

王治河：《福柯》，湖南教育出版社 1999 年版。

汪晖：《现代中国思想的兴起》，生活·读书·新知三联书店 2004 年版。

汪民安：《谁是罗兰·巴特》，江苏人民出版社 2005 年版。

吴黛舒：《"研究传统"与教育学的发展——德、美两国教育学"科学化"道路的差异和启示》，《教育理论与实践》2004 年第 2 期。

吴黛舒：《中国教育学学科危机探析》，《教育研究》2006 年第 6 期。

吴定初：《中国教育史要略》，巴蜀书社 1996 年版。

吴定初：《中国教育研究现代化论稿》，中央文献出版社 2009 年版。

吴定初：《理解"教育知识"的兴起》，《四川师范大学学报》（社会科学版）2014 年第 3 期。

吴刚：《论教育学的终结》，《教育研究》1995 年第 7 期。

吴洪伟、许广敏：《"教育理论原创"：标准、问题及对策》，《教育理论与实践》2005 年第 11 期。

吴康宁：《教育研究应研究什么样的"问题"——兼谈"真"问题的判断标准》，《教育研究》2002 年第 11 期。

吴康宁：《关于"思想"的若干问题：一种社会学分析》，《教育理论与实践》2005 年第 12 期。

吴康宁：《转向教育的背后——吴康宁教育讲演录》，华东师范大学出版社 2008 年版。

吴全华：《教育规律的理解方式与教育规律的特点》，《教育理论与实践》2004 年第 2 期。

吴式颖：《外国教育史教程》，人民教育出版社 1999 年版。

吴元训：《中世纪教育文选》，人民教育出版社 2005 年版。

夏甄陶：《认识论引论》，人民出版社 1986 年版。

项贤明：《泛教育论——广义教育学的初步探索》，山西教育出版社
　　2004 年版。

袁振国：《当代教育学》，教育科学出版社 2004 年版。

叶澜：《教育概论》，人民教育出版社 1991 年版。

叶澜：《教育研究方法论初探》，上海教育出版社 1999 年版。

叶澜：《中国教育学发展世纪问题的审视》，《教育研究》2004 年第
　　7 期。

于海：《西方社会思想史》，复旦大学出版社 2005 年版。

余清臣：《教育理论的话语实践——通达教育实践之路》，《教育研
　　究》2015 年第 6 期。

于伟：《利奥塔的知识合法性理论及其对当代教育观的影响与启
　　示》，《外国教育研究》2004 年第 11 期。

于伟：《教育观的现代性危机与新路径初探》，《教育研究》2005 年
　　第 3 期。

于伟：《现代性与教育》，北京师范大学出版社 2006 年版。

于泽元：《教育理论本土构建的方法论论纲》，《教育研究》2010 年
　　第 5 期。

曾天山、滕瀚：《改革开放后我国教育学科在社会科学中的影响力
　　分析——以〈中国社会科学〉刊发的教育学术论文为例》，《教
　　育研究》2013 年第 4 期。

张法琨：《古希腊教育论著选》，人民教育出版社 2007 年版。

张世英：《哲学导论》，北京大学出版社 2001 年版。

张希希：《教育叙事研究是什么》，《教育研究》2006 年第 2 期。

张祥龙：《朝向事情本身——现象学导论七讲》，团结出版社 2003
　　年版。

张一兵：《拉康镜像理论的哲学本相》，《福建论坛》（人文社会科
　　学版）2004 年第 10 期。

赵万里：《科学的社会建构：科学知识社会学的理论与实践》，天

津人民出版社 2002 年版。

郑金洲：《教育通论》，华东师范大学出版社 2000 年版。

郑金洲、瞿葆奎：《中国教育学百年》，教育科学出版社 2002 年版。

郑也夫：《信任论》，中国广播电视出版社 2006 年版。

钟海清：《论教育理论研究的困境与超越》，《华东师范大学学报》
（教育科学版）2004 年第 3 期。

周浩波：《教育哲学》，人民教育出版社 2000 年版。

周勇：《论教育研究的文化学路向》，《教育研究》2000 年第 8 期。

庄孔韶：《人类学通论》，山西教育出版社 2004 年版。

二　译文部分

［德］阿尔弗雷德·舒茨：《社会世界的意义构成》，商务印书馆
2012 年版。

［德］阿尔弗雷德·许茨：《社会实在问题》，华夏出版社 2001
年版。

［美］埃伦·康德利夫·拉格曼：《一门捉摸不定的科学：困扰不
断的教育研究的历史》，教育科学出版社 2006 年版。

［法］埃米尔·涂尔干：《社会分工论》，生活·读书·新知三联书
店 2000 年版。

［法］爱弥尔·涂尔干：《宗教生活的基本形式》，上海人民出版社
2006 年版。

［英］安东尼·吉登斯：《社会的构成：结构化理论大纲》，生活·
读书·新知三联书店 1998 年版。

［英］安东尼·吉登斯：《现代性的后果》，译林出版社 2000 年版。

［英］安东尼·吉登斯：《失控的世界——全球化如何重塑我们的
生活》，江西人民出版社 2001 年版。

［英］安东尼·吉登斯：《社会学方法的新规则——一种对解释社

会学的建设性批判》，社会科学文献出版社 2003 年版。

［英］巴里·巴恩斯：《局外人看科学》，东方出版社 2001 年版。

［英］巴里·巴恩斯：《科学知识与社会学理论》，东方出版社 2001
　　年版。

［英］巴里·巴恩斯等：《科学知识：一种社会学的分析》，南京大
　　学出版社 2004 年版。

［美］保罗·法伊尔阿本德：《自由社会中的科学》，译文出版社
　　2005 年版。

［巴西］保罗·弗莱雷：《被压迫者教育学》，华东师范大学出版社
　　2001 年版。

［法］保罗·利科：《历史与真理》，译文出版社 2004 年版。

［美］布鲁纳：《教育过程》，文化教育出版社 1982 年版。

［法］布鲁诺·拉图尔：《科学在行动：怎样在社会中跟随科学家
　　和工程师》，东方出版社 2005 年版。

［法］布鲁诺·拉图尔、［英］史蒂夫·伍尔加：《实验室生活：科
　　学事实的建构过程》，东方出版社 2004 年版。

［日］大河内一男等：《教育学的理论问题》，教育科学出版社 1984
　　年版。

［英］大卫·布鲁尔：《知识和社会意象》，东方出版社 2001 年版。

［英］丹尼斯·史密斯：《历史社会学的兴起》，上海人民出版社
　　2000 年版。

［法］笛卡尔：《第一哲学沉思集》，商务印书馆 1986 年版。

［德］第斯多惠：《德国教师培养指南》，人民教育出版社 1990
　　年版。

［美］凡勃伦：《有闲阶级论》，商务印书馆 1964 年版。

［法］费尔南·布罗代尔：《15 至 18 世纪的物质文明、经济与资本
　　主义》，生活·读书·新知三联书店 1992 年版。

［瑞士］费尔迪南·德·索绪尔：《普通语言学教程》，商务印书馆

1980 年版。

［德］哈拉尔德·韦尔策：《社会记忆：历史、回忆、传承》，北京
　　大学出版社 2007 年版。

［英］哈里·柯林斯：《改变秩序：科学实践中的复制与归纳》，上
　　海科技教育出版社 2007 年版。

［德］汉斯－格奥尔格·加达默尔：《真理与方法——哲学诠释学
　　的基本特征》，上海译文出版社 1999 年版。

［德］赫尔巴特：《普通教育学、教育学讲授纲要》，浙江教育出版
　　社 2002 年版。

［英］赫·斯宾塞：《教育论》，人民教育出版社 1962 年版。

［美］华勒斯坦等：《学科·知识·权力》，生活·读书·新知三联
　　书店 1999 年版。

［英］卡尔·波普尔：《猜想与反驳——科学知识的增长》，上海译
　　文出版社 1986 年版。

［德］卡尔·曼海姆：《意识形态与乌托邦》，商务印书馆 2000
　　年版。

［德］卡尔·曼海姆：《卡尔·曼海姆精粹》，南京大学出版社 2002
　　年版。

［奥］卡林·诺尔－塞蒂纳：《制造知识——建构主义与科学的与
　　境性》，东方出版社 2001 年版。

［德］康德：《纯粹理性批判》，人民出版社 2004 年版。

［捷］夸美纽斯：《大教学论》，教育科学出版社 1999 年版。

［美］拉里·劳丹：《进步及其问题——科学增长理论刍议》，上海
　　译文出版社 1991 年版。

［法］列维－布留尔：《原始思维》，商务印书馆 1981 年版。

［美］刘易斯·A. 科瑟：《社会学思想名家》，中国社会科学出版
　　社 1990 年版。

［法］卢梭：《爱弥儿——论教育》，人民教育出版社 2001 年版。

〔英〕路德维希·维特根斯坦：《哲学研究》，上海人民出版社 2005
年版。

〔美〕罗伯特·K. 默顿：《科学社会学——理论与经验研究》，商
务印书馆 2003 年版。

〔美〕罗伯特·K. 默顿：《社会理论和社会结构》，译林出版社
2006 年版。

〔英〕洛克：《人类理解论》，商务印书馆 1959 年版。

〔英〕洛克：《政府论》（下篇），商务印书馆 1964 年版。

〔英〕洛克：《教育漫话》，人民教育出版社 2006 年版。

〔德〕马丁·海德格尔：《存在与时间》，生活·读书·新知三联书
店 1987 年版。

〔德〕马丁·海德格尔：《林中路》（修订本），上海译文出版社
2008 年版。

〔法〕马克·布洛赫：《封建社会》，商务印书馆 2004 年版。

〔德〕马克思、恩格斯：《马克思恩格斯选集》（第一至四卷），人
民出版社 1972 年版。

〔德〕马克斯·舍勒：《知识社会学问题》，华夏出版社 2000 年版。

〔德〕马克斯·韦伯：《学术与政治：韦伯的两篇演说》，生活·读
书·新知三联书店 2005 年版。

〔美〕曼弗雷德·S. 弗林斯：《舍勒的心灵》，上海三联书店 2006
年版。

〔英〕迈克尔·波兰尼：《个人知识——迈向后批判哲学》，贵州人
民出版社 2000 年版。

〔英〕迈克尔·波兰尼：《科学、信仰与社会》，南京大学出版社
2004 年版。

〔英〕迈克尔·马尔凯：《词语与世界——社会学分析形式的探
索》，商务印书馆 2007 年版。

〔法〕米歇尔·福柯：《词与物——人文科学考古学》，上海三联书

店 2001 年版。

［法］米歇尔·福柯：《知识考古学》，生活·读书·新知三联书店
　　2003 年版。

［德］诺贝特·埃利亚斯：《文明的进程：文明的社会起源和心理
　　起源的研究》，生活·读书·新知三联书店 1999 年版。

［德］诺贝特·埃利亚斯：《论文明、权力与知识——诺贝特·埃
　　利亚斯文选》，南京大学出版社 2005 年版。

［瑞士］裴斯泰洛齐：《林哈德与葛笃德》，人民教育出版社 1989
　　年版。

［德］齐美尔：《社会是如何可能的：齐美尔社会学文选》，广西师
　　范大学出版社 2002 年版。

［美］乔万尼·萨托利：《民主新论》，上海人民出版社 2009 年版。

［美］乔治·H. 米德：《心灵、自我与社会》，上海译文出版社
　　2005 年版。

［瑞士］让·皮亚杰：《教育科学与儿童心理学》，文化教育出版社
　　1981 年版。

［美］S. E. 佛罗斯特：《西方教育的历史和哲学基础》，华夏出版
　　社 1987 年版。

［法］萨特：《萨特文集》（第 7 卷），人民文学出版社 2005 年版。

［美］史蒂芬·科尔：《科学的创造：在自然界与社会之间》，上海
　　人民出版社 2001 年版。

［英］史蒂文·夏平：《科学革命》，上海科技教育出版社 2004
　　年版。

［英］汤因比：《历史研究》（中册），上海人民出版社 1966 年版。

［法］托克维尔：《论美国的民主》，商务印书馆 1988 年版。

［美］托尼·比彻、保罗·特洛勒尔：《学术部落及其领地：知识
　　探索与学科文化》，北京大学出版社 2008 年版。

［美］托尔斯坦·凡勃伦：《科学在现代文明中的地位》，商务印书

馆 2008 年版。

〔美〕托马斯·库恩:《科学革命的结构》,北京大学出版社 2003
  年版。

〔美〕托马斯·库恩:《必要的张力——科学的传统和变革论文
  选》,北京大学出版社 2004 年版。

〔德〕W. A. 拉伊:《实验教育学》,人民教育出版社 2007 年版。

〔奥〕维特根斯坦:《逻辑哲学论》,商务印书馆 1996 年版。

〔德〕西美尔:《货币哲学》,华夏出版社 2002 年版。

〔英〕伊姆雷·拉卡托斯:《科学研究纲领方法论》,上海译文出版
  社 2005 年版。

〔美〕约翰·巴克勒等:《西方社会史》(全三卷),广西师范大学
  出版社 2005 年版。

〔美〕约翰·杜威:《确定性的追寻——关于知行关系的研究》,上
  海人民出版社 2004 年版。

〔美〕约翰·杜威:《我们怎样思维·经验与教育》,人民教育出版
  社 2005 年版。

〔美〕约翰·杜威:《学校与社会·明日之学校》,人民教育出版社
  2005 年版。

三 英文部分

DEWEY J. *Democracy and Education* 〔M〕. New York: The Macmillan
  company, 1916.

DURKHEIM E. *The Evolution of Educational Thought* 〔M〕. London:
  R. K. P. , 1997.

FOUCAULT M. *The Archaeology of Knowledge* 〔M〕. London and New
  York: Tavistock Publications, 1972.

FOUCAULT M. Genealogy and social critism, in SEIDMAN S (ed.).

The postmodern turn: *new perspectives on social theory* ［M］. New York: Cambridge University Press, 1994.

GIDDENS A. *Capitalism and Modern Social Theory* ［M］. Cambridge: Cambridge University Press, 1971.

GILBERT N, MULKAY M. *Opening Pandora's Box* ［M］. Cambridge: Cambridge University Press, 1984.

VAN MANEN M. Phenomenologicai pedagogy and thequestion of meaning ［A］. VANDENBERGD. *Phenomenologyand Educational Discourse* ［C］. Durban: Heimemann Higher and Further Education, 1996.

WOOLGAR S. *Science*: *The Very Idea* ［M］. London: Tavistock, 1988.

索　引

213

后 记

大约十年前，我将研究方向聚焦于"教育知识"，决心从"教育知识生产"这一论题入手考察教育学的困境。返顾初心，当时考察教育学困境更多地或许是为了论证一种教育理性生活方式，从而排遣焦虑以坚定专业选择。

古希腊苏格拉底曾言，未经审视的人生是不值得过的。专业选择就是一种人生的选择。人生不可逆转，人们在面临自己的生存、面对真正的自己时难免犹疑，对自己的选择总是感到缺乏勇气，必然遭遇"这样的人生值得过吗"这一拷问。那么，对于将历人生的人如何能经受起这一拷问？面对选择如何能摆脱犹疑不决，如何能鼓足勇气走向自己的人生？在我看来，从理论上对自己的选择进行必要的论证，从现实中选取理想典范予以认同，通过如此审慎地思考，或能从容地走向自己的人生。

如何论证我的教育学术人生？如何建构一种教育理性生活方式？理论论证以知识社会学为分析框架，从形式与内容两个维度对教育知识生产进行阐解。这是本书显见的、无需再言的逻辑运思。在此，值得一提的是，在建构教育理性生活方式时所选择的理想典范，这是隐而不彰的，可谓本书的现实基础。

本书隐秘的现实基础来源于恩师王逢贤先生典范性的教育理性生活。先生学识渊博，广涉人文社科、自然科学知识，广交学界朋友，始终立于学术前沿；受此启发，书中提出"开放—间际"的研究方式。先生做学问不唯书、不唯上，刚直不阿，理论观点独树一帜，和者甚众；受此启发，书中提出教育知识的"意义硬核"与构建意义空间的"先行者"。先生具有高度的责任意识，不断深入研究能够为社会发展带来福祉的重大课题（如"教育先行"），影响甚巨；受此启发，书中提出教育学者要对自己生产的知识负责，努力开展意义空间的"重叠"。先生淡泊名利，追求真理，视学术研究为生命，常讲"朝闻道，夕死可矣"；受此启发，书中提出追求时代教育知识的"建基"式研究。先生关心时事，关注社会生活的发展变化，对新事物、新现象始终抱有浓厚兴趣和探索欲望；受此启发，书中提出"介入"的研究方式。可以说，本书的撰写是对先生学术理想的致敬、学术德行的诠释，也是对先生学术人生的缅怀。

本书的出版得到不少学界师友的关心和指导。首先感谢东北师范大学柳海民教授拨冗为本书作序，并提出一系列有待深究的问题。同时，感谢四川师范大学吴定初教授的鞭策和鼓励！吴老师多次关心本书的修改情况，没有他的敦促本书的出版将会遥遥无期。特别感谢北京师范大学顾明远教授、石中英教授，东北师范大学于伟教授、曲铁华教授、邬志辉教授、杨颖秀教授！诸位教授对本书提出了不少宝贵意见，本书的修改成型得益于他们不吝赐教。其中尤令我感佩的是，石老师在书稿前写了满满三页的审读意见，并在页边留下大量批注，这些"审读意见"和"页边批注"助我进一步理清思路，成为修改的重要参考。还要感谢学兄周霖博士当年的入门引介以及长期以来的帮助和指导，感谢罗银科博士耗费精力仔细审查勘误注引文献。感谢中国社会科学出版社罗莉编辑对本书出版的热情相邀，刘艳编辑认真细致的校对与润色。

本书能得闲暇撰写与修改离不开家人的支持。微笑拂面的祖母、劳苦一生的父母、操持生活的妻子与活泼可爱的女儿小叶子构成了我精神生长的土壤。思想的根基是他们为我营造的现实生活。

　　最后，"知识社会学"是一个饶有趣味的学术领域，将其引入教育学，能否产生既"有趣"又"可信"的教育知识？本书的可信程度如何？尚祈学界同仁批评指教。

雷　云

于四川师范大学

2017 年夏